媒体用人工智能主播发展研究

杨 娜 著

中国文史出版社

目 录

绪　论

第一节　研究缘起

一、研究背景

在人类的历史长河当中，每一次科学和技术的改变，都相应地带来了一场革命，开启了另一个时代。一万两千年前，人类驯化动植物，开始了农业革命；五百年前，人类开始征服大洋和未知的陆地，开启了科技革命；两百年前，人类完成了以机器取代人力进行大规模生产，进入了工业革命时代。近几年，人类开始让机器对人的意识、思维、语言的过程进行模拟，出现了一种能像人类智能一样做出反应的智能机器，人类迎来了人工智能时代。

人工智能技术每年都会有新的突破，它在自身发展的同时，也正在与人类生活的各个领域进行融合，改变着人们的生产和生活方式。这种融合如今延伸到了媒体，改变了媒体语言的传播载体和传播方式。

人工智能技术与媒体融合的标志性事件是人工智能主播登陆电视台，成为了媒体语言传播的新载体。2015年12月，美国微软（亚洲）互联网工程院研发的智能机器人"小冰"，以实习新闻气象主播的身份亮相上海东方卫视，负责播报及主持每日天气预报版块。这一新尝试给业界和学界带来了一股讨论的热潮，同时也给受众带来了一种新的视听体验。

在"小冰"出现之后，越来越多的智能机器人被开发和设计成电视主播、网络主播、广播播音员和论坛主持人，成为媒体的新生力量，变成了广播电视语言的新传播载体和新创作手段。

虽然人工智能主播在我国的人工智能领域和媒体领域都是新生事物，但它的影响力却不小，从"小冰"出现之后，电视、网络、广播等媒体都纷纷效仿，推出了自己的人工智能主播。无论是中央级媒体，还是省级卫星电视，或是市县级论坛及大型节目现场，都出现了人工智能主播这个媒体语言传播的新角色。

新技术带来的变革往往具有全球化的影响力，再加上互联网时代，新生事物的传播速度是非常迅速的，因此，人工智能主播一经研发便瞬间成为全球炙手可热的产品。英国、美国、日本等国家，出现了虚拟的人工智能主播、仿真人的人工智能主播以及机器人形态的人工智能主播。从这种席卷全球的热度来看，人工智能主播这种新兴的媒体语言传播者，将在一定的时间内持续被业界和学界所关注。

不过，虽然人工智能主播已经出现并在媒体中进行了应用，但目前无论是在中国还是在世界范围内，人工智能主播更多的还是以一种"概念大于应用，形式大于内容"的产品出现，真正能够被恰当地应用于一档节目，并能切实发挥其功能的人工智能主播还寥寥无几。

那么究竟人工智能主播能否切实有效地成为媒体语言传播的新载体，人工智能主播是否具有在全媒体中独当一面的能力，人工智能主播的优势到底能够发挥在哪些节目中，这些问题亟须找到答案。

因此，本文将通过梳理人工智能主播在媒体中的发展，找到其作为广播电视语言传播的规律和特点，从而尝试总结和规划出人工智能主播进行媒体语言传播的趋势。

二、研究对象

本文的研究对象是广播电视语言传播的新载体——人工智能主播，及其对于广播电视语言传播规范性、时效性、引导力的影响。本研究的监测跨度为 2000 年 1 月至 2017 年 3 月近十七年的广播电视媒体语言。本研究解决的问题是：人工智能主播对于媒体语言传播的价值。

三、研究意义

（一）理论意义

第一，符合人工智能时代国家将机器人纳入国家级创新重点领域的战略需求。

第二，为梳理媒体用人工智能主播的发展史进行理论尝试。

第三，为媒体不断加强与人工智能融合、创新媒体语言创作手段及媒体语言传播手段提供参考依据。

（二）实践意义

第一，有助于推动人工智能主播产业在传媒行业中的发展及应用，通过机器语言的设定，规避读错音、读错字的播音主持播报误差，从而提高媒体语言传播的规范性。

第二，有助于媒体不断改进节目主持形态及节目主持的语言样态，从而引领节目潮流，提升媒体语言传播的引导力。

第三，有助于推动媒体进一步整合大数据信息，尽快突破机器播报的技术和应用瓶颈，提高媒体语言传播的时效性。

第二节　国内外研究现状

人工智能主播是人工智能技术的发展与媒体融合的产物。对人工智能主播的研究关系人工智能学科和语言学，其中，人工智能又是一门涉及计算机科学、逻辑学、数学、心理学、语言学、哲学和认知科学的学科。对此，本文在文献梳理时做了充分的关注。

一、国内外人工智能研究现状

目前的文献和数据显示，人工智能的最早研究是从欧美开始的。国外对于人工智能的研究现状主要集中在以下几个方面。

（一）外国人工智能研究现状

美国计算机学家斯图尔特·J.罗素的《人工智能——一种现代的方法》（2013）一书介绍了人工智能的历史，认为人工智能的最早工作是由美国神经生理学家、控制论专家沃伦·麦克洛克（Warren McCulloch）和美国逻辑学家沃尔特·皮茨（Walter Pitts）完成的，他们利用了三种资源——"基础生理学知识和脑神经元的功能"、英国数学逻辑学家罗素（Bertrand Russell）和英裔美籍数学家阿尔弗雷德·诺斯·怀特海德（Alfred North Whitehead）的"对命题逻辑的形式分析"及图灵的"计算机理论"，提出了"人工神经元模型"。蔡自兴等在《人工智能及其应用（第五版）》（2016）中，提到了20世纪30年代和40年代，人工智能领域发生的两个重要事件："数理逻辑"和"关于计算的新思想"。其中，"数理逻辑"就是以怀特海德和罗素为代表的，其研究结果表明了，推理的某些方面可以用比较简单的结构加以形式化。而"计算的新思想"则要看英国数学家、逻辑学家艾伦·麦席森·图灵（Alan Mathison Turing）和美国数学家阿隆佐·邱奇（Alonzo Church）提出的"计算本质的思想"，他们提供了"形式推理概念"与即将发明的"计算机"之间的联系。"图灵机"与"图灵测试"可以说是人工智能发展过程中非常重要的一段历史。美国发明家雷·库兹韦尔在《人工智能的未来》（2016）一书中指出，在1936年由艾伦·图灵提出的"图灵机"是一种思想实验，它强有力地诠释了在本质上将人的思想或认知与机器的计算等同起来的概念。蔡自兴等在《人工智能及其应用（第五版）》中提出，"人工智能"第一次被正式命名则始于1956年在美国达特茅斯大学召开的"达特茅斯会议"上。之后，不但"用机器模拟人类智能的问题"被热烈讨论，包括解决智力测验难题、数学定理、下棋和把文本从一种语言翻译成另一种语言等第一批人工智能程序也应运而生。《人工智能及其应用（第五版）》中还提到，1969年，第一届"国际人工智能联合会议"的召开，标志着人工智能作为一门独立学科登上了国际学术舞台。斯图尔特·J. 罗素在《人工智能——一种现代的方法》中和蔡自兴等在《人工智能及其应用（第五版）》中都提到了，人工智能的发展曾经历了一段暗淡时期，从1966年到1973年或者是1974年，就是当时的发展困难阶段。斯图尔特·J. 罗素分析，第一种困难起源于大多数早期程序对其主题的一无所知，他们仅仅依靠简单的句法处理获得成功；第二种困难来自人工智能试图求解的许多问题的难解性；第三种困难是用来产生智能行为基本结构的某些根本局限。蔡自兴则把这些困难简洁地总结成三种局限性：知识局限性、解法局限性、结构局限性。斯图尔特·J. 罗素和蔡自兴对于人工智能发展的第三个阶段的界定则有不同。斯图尔特·J. 罗素认为，从1969年到1979年是人工智能技术基于知识系统的一个发展阶段，而蔡自兴则认为这个期限应该更长，即从1970年到1988年。蔡自兴认为这个阶段是人工智能技术的知识应用时期，研究不断被投资、开发和被应用于各领域，特别是工业部门。对于人工智能的高速发展时期，斯图尔特·J. 罗素认为是从 1980 年到现在，蔡自兴认为是从 1986 年至今。在这个阶段，机器学习、计算智能、人工神经网络和行为主义等研究开始不断深入展开，人工智能不同观点、方法和技术的集成，为人工智能的发展奠定了必然基础。

就人工智能的定义而言，不同背景的学者持有不同的观点。

蔡自兴较为狭义地定义了人工智能："定义一：能够在各类环境中自主地或交换地执行各种拟人任务的机器，叫智能机器；定义二：人工智能（学科）是计算机科学中涉及研究、设计和应用智能机器的一个分支，它的近期主要研究目标在于研究用机器来模仿和执行人脑的某些智力功能，并开发相关理论和技术；定义三：人工智能是智能机器所执行的通常与人类智能有关的功能，如判断、推理、证明、识别、感知、理解、设计、思考、规划、学习和问题求解等思维活动。"

美国发明家雷·库兹韦尔以及英国牛津大学的哲学家尼克·博斯特罗姆等人工智能领域学者把人工智能定义为弱人工智能、强人工智能和超人工智能。

弱人工智能，也称狭义人工智能，是指擅长单一功能的人工智能。

强人工智能，也称通用人工智能，是指能够向人类大脑活动看齐的一种人工智能。有学者把这种功能定义为：能够解决抽象思维，能够思考、计划和解决问题。

超人工智能，被定义为在几乎所有领域都比最聪明的人类大脑聪明很多的一种包括科学创新和社交技能在内的技能。

在美国斯坦福大学"人工智能百年研究"的首份报告《2030 年的人工智能与生活》[①] 中对于人工智能的定义是这样给出的："人工智能缺乏一个精准的、被普遍接受的定义，这或许有助于该领域的加速成长、繁荣以及前进。"而万赟在所著的《从图灵测试到深度学习：人工智能 60 年》（2016）一文中指出尼尔森（Nils J.Nilsson）提供了一个有用的定义："人工智能就是致力于让机器变得智能的活动，而智能就是使实体在其环境中有远见地、适当地实现功能性的能力。"

---

① 斯坦福人工智能百年研究："2030 年的人工智能与生活"（2016 年 10 月），http：//ai100.stanford.edu/sites/default/files/ai_100_report_0901fnlb.pdf。

鉴于不同的学术背景以及对实现人工智能的不同看法,人工智能概念从 1956 年被提出伊始,就形成了两种不同的流派和方法。

第一,万赟认为"理性学派"是以西蒙和他的合作伙伴纽厄尔(Allen Newell)为代表的。他们认为计算机的智能和人脑的智能都是表现在对抽象问题的处理方面,所以,只要是用逻辑规则能够描述的问题都可以用计算机和人工智能程序来解决。

万赟在《从图灵测试到深度学习:人工智能 60 年》中引述了西蒙的观点,称人们由于认知能力的限制,在做决策时并不像经济学里的理性人描述的那样,能够总是寻求最优解,大多数情况下是寻找能够满足最低要求的解决方案。西蒙将这一现象称为"满意解",是人类理性的有限性或者是有边界的理性。1957 年,西蒙和纽厄尔设计的一款计算机,就能够解决定理证明、几何问题以及国际象棋对抗等问题。

第二,万赟提到"感性学派"的观点则是通过对脑神经的模拟来获得人工智能。1949 年,加拿大神经心理学家唐纳德·赫布(Donald Hebb)提出"细胞集合是与环境事物联结的神经细胞组。……任何重复的刺激会在脑中兴奋一群特定的细胞。这一群细胞分布在大脑皮层、间脑(视丘与下视丘)以及基底核,可以在刺激的触发下暂时成为一个封闭系统,透过他们之间众多的联络神经,使兴奋活动在系统内维持相当一段时间"。

刘钊认为这两种派别的观点能够总结为:一种认为计算机是处理思维符号的系统,另一种认为是对大脑建模的媒介;一种致力于用计算机示例世界的形式化表达,另一种则侧重仿真神经元的交互;一种把问题解决当作智能的范型,另一种强调学习;一种使用逻辑,另一种基于统计;一种是哲学上理性主义和还原主义的继承者,另一种将自己视作神经科学。

综上所述,蔡自兴、雷·库兹韦尔、罗素等认为人工智能就是机器能够模拟人脑进行感知、推理、学习、判断、记忆等智能行为的活动,智能机器就是能够呈现出人类智能行为的机器。

(二)我国人工智能研究现状

我国的人工智能技术则是从 1978 年开始发展的。蔡自兴在《中国人工智能 40 年》(2016)一文中提到,1978 年 3 月,邓小平在北京召开的全国科学大会的开幕式上,发表了"科学技术是生产力"的重要讲话,使中国科技事业迎来了发展的春天,人工智能技术从此开始被进行理论研究,以及被逐渐展开应用尝试。经过近四十年的发展，我国人工智能技术的演进速度可观，目前人工智能已经与各领域展开融合，为进一步提高生产力贡献出现实力量。蔡自兴认为我国人工智能研究的发展经历了以下几个阶段。

1.艰难孕育时期

与国际上的人工智能发展历程相比，中国的人工智能发展起步较晚，直到1978年后，才逐渐开始发展。

1978年3月，在北京召开的全国科学大会的开幕式上，邓小平发表了"科学技术是生产力"的重要讲话，使中国科技事业迎来了发展的春天。

20世纪80年代初期，在钱学森等科学家的努力之下，中国的人工智能研究得以开展并逐渐活跃起来。同一时期，大批留学生被派遣到西方发达国家研究现代科技，学习科技新成果，其中就包括人工智能等学科领域。

蔡自兴在《中国人工智能40年》一文中提到，1981年9月，中国人工智能学会（CAAI）在长沙成立。于光远在大会期间主持了一次大型座谈会，讨论有关人工智能的一些认识问题。在之后一年的1982年，中国人工智能学会刊物《人工智能学报》在长沙创刊，成为中国首份人工智能学术刊物。

与此同时，一些人工智能相关项目也被纳入了国家科研计划，比如光学文字识别系统、手写体数字识别等科研成果。

2.逐步发展时期

1984年，国防科工委召开了全国"智能计算机及其系统"学术讨论会。

1985年，"全国首届第五代计算机学术研讨会"在国务院电子振兴领导小组办公室的统一部署下，由中国电子学会计算机学会组织召开。

1987年，《人工智能及其应用》一书由清华大学出版社出版。同年，《模式识别与人工智能》杂志创刊。

1989年，中国人工智能联合会议（CJCAI）首次召开，至2004年该会议共召开过八次。

1993年，国家科技攀登计划中纳入了智能控制和智能自动化等项目。

1993年7月，中国人工智能学会智能机器人分会成立，时任主管国家科技工作的国务委员兼国家科委主任宋健为智能机器人分会题词为："人智能则国智，科技强则国强。"

3. 蓬勃发展时期

进入 21 世纪后，在国家的重视与关注之下，越来越多的人工智能项目被纳入国家重点和重大项目，也促进了这个领域研究的蓬勃发展。

2006 年，中国人工智能学会在北京举办了"庆祝人工智能学科诞生 50 周年"大型庆祝活动。同时，首届中国象棋计算机博弈锦标赛暨首届中国象棋人机大战也拉开了大幕。值得关注的是，在首届"人机大战"中，东北大学研发的"棋天大圣"象棋软件获得了机器博弈冠军、"浪潮天梭"超级计算机则以 11:9 的成绩战胜了中国象棋大师。

2009 年，中国人工智能学会提出建议：在中国学位体系中增设智能科学与技术博士和硕士学位授权一级学科。这个建议凝聚了中国广大人工智能教育工作者的心智、心血和远见卓识，对中国人工智能学科建设具有十分深远的意义。

2014 年 6 月，习近平总书记在中国科学院第十七次院士大会、中国工程院第十二次院士大会开幕式上发表重要讲话强调："由于大数据、云计算、移动互联网等新一代信息技术同机器人技术相互融合步伐加快，3D 打印、人工智能迅猛发展，制造机器人的软硬件技术日趋成熟，成本不断降低，性能不断提升，军用无人机、自动驾驶汽车、家政服务机器人已经成为现实，有的人工智能机器人已具有相当程度的自主思维和学习能力。……我们要审时度势、全盘考虑、抓紧谋划、扎实推进。"[1]

2015 年 7 月，"中国人工智能大会"在北京召开。《中国人工智能白皮书》得到了发表，包括《中国智能机器人白皮书》《中国机器学习白皮书》等。

2016 年 4 月，工业和信息化部、国家发展和改革委员会、财政部等三部委联合印发了《机器人产业发展规划（2016—2020 年）》，为"十三五"期间中国机器人产业发展描绘了清晰的蓝图。"规划"指出了未来发展的几项任务：（一）推进重大标志性产品率先突破；（二）大力发展机器人关键零部件；（三）强化产业创新能力；（四）着力推进应用示范；（五）积极

---

[1] 蔡自兴：《中国人工智能 40 年》，《科技导报》2016 年第 15 期，第 12—32 页。

培育龙头企业。

二、国内外的人工智能主播研究现状

人工智能主播是伴随着科技发展而出现的产物，是由虚拟主播逐步被赋予人类智能演变而来的，人工智能主播经历了虚拟主播到智能主播的转变过程。

（一）虚拟主播

邹虎认为世界上第一位虚拟主播于 2000 年诞生在英国，他指出虚拟主播"安娜诺娃"确切地说像是一位动态的网络信息导航员。与此相类似的还有美国的"薇薇安"和中国的"GoGirl"。可见，早期的虚拟主持人所能承担的媒体语言传播功能很少，它们更像是一种简单的、新颖的符号，吸引着受众的收听和收看。张昕在《虚拟主持人在电视媒体中的应用》（2005）一文中提到，虚拟主持人在"安娜诺娃"之后也在进行不断发展。"言东方"就是在经过几番调整之后，于 2001 年 5 月在天津电视台一档科技节目中亮相的虚拟主持人。张昕认为，从理论上说，随着三维技术、语音合成技术、动作传感技术的发展，虚拟人的外表、表情、声音、动作等外在的东西可以制作得跟真人没有什么两样，甚至可以更加完美。蒋一莉、李安安在《浅析虚拟主持人在中国的发展困境》（2015）中提出虚拟主持人依靠同步声音处理技术，被赋予了准确而又流利的声音，吸引了人们极大的关注，虚拟主持人的身份也给长期以来人们接受传统主持的习惯带来了新鲜的活力。路晴在《电视从业人员的新成员——虚拟主持人》（2001）一文中提出，在新闻传播中，观众关心的只是新闻本身，虚拟主持人不会分散受众的注意力，对信息传播产生的干扰可以控制在最小的范围之内。受众可以直接感受到新闻语言的本体，新闻内容可以充分实现价值。陈革非在《窥视虚拟主持人》（2001）一文中认为，虚拟主持人的推出是顺应科技发展、社会需求和争占新的传播空间的需要。虚拟主持人的出现不仅是对报纸、广播甚至网络等媒介的冲击，也是对真实世界中的主持人形成了一种挑战和竞争。原因在于，受众无论何时登录网站，都能享受虚拟主持人提供的播报。

（二）人工智能主播

虚拟主播的出现无疑是顺应科技和时代发展需求的，然而在人工智能技术成熟之后，人工智能技术和媒体进行融合，形成了人工智能主播。具有机器学习能力和自然语言处理功能的人工智能主播，在语言传播方面，显示出了极大的优势，因此，越来越多的人工智能主播开始担当语言传播载体的重任。

张文彬的《微软小冰进化第三代，拥有图像识别能力》（2015）一文，研究了智能主播"小冰"。作为微软中国团队的研究项目，"小冰"是第一个由中国团队研发、被移植到国际市场的产品——日本以及讲英语的国家正在复制"小冰"模式。"小冰"也是受到比尔·盖茨嘉奖和肯定的产品。在张文彬的研究中表明，与同类语音语言产品不同，"小冰"在和受众沟通时实现的是 EQ（情商）加 IQ（智商）的交流，是一种情感计算。在"小冰"之后，全媒体纷纷尝试借助人工智能提升媒体与受众交互的方式。李政葳在《"光明小明"，以人工智能提升媒体服务能力》（2016）一文中指出，"光明小明"是光明日报融媒体中心在整合人工智能技术、语音识别和语义分析技术、云计算技术基础之上推出的新闻机器人。它最重要的创新就是改变了人机交互的方式，受众可以通过输入文字或者直接通过语音，与"光明小明"进行对话，获取信息。借助对自然语言的理解，"光明小明"能够提供精准的"时政新闻""财经新闻"，还能为受众提供天气预报、股市大盘等大量生活信息服务。最重要的是，"光明小明"可以为受众订制特色化的人工智能新闻信息服务。作为广播电视媒体语言传播的载体，能够把承载无限信息量的语言传播给受众，就是传播者最大的成功之一。人工智能主播"光明小明"通过特色的订制服务，精准地提高了和受众的黏性，能够更好地实现媒体语言的大众传播功能。

综合各文献来看，人工智能主播无论是以虚拟主播形态出现，还是以人工智能主播形态出现，都属于一种探索和尝试的阶段，对于媒体语言传播有着一定的推动作用，但由于其自身的技术水平限制，在实践应用上存在一些问题。

三、研究的趋势和不足

作为媒体语言传播的新载体，人工智能主播一经研发就迅速占领了媒体市场。从数据上看，人工智能主播已经出现在包括广播、电视、网络、移动互联网手机客户端等多种媒介中，并且在数量和频次上还有不断上涨的趋势。

因此，人工智能主播作为新的媒体语言传播者，它的出现顺应了科技发展的潮流，也符合受众的审美和需求，是值得在这个领域展开深入、系统的研究的。

然而，受人工智能发展水平所限，虚拟主播是从 2000 年开始出现的，真正的人工智能主播更是从 2015 年才普遍被应用为媒体语言的载体，所以对于人工智能主播的文献、文章、报道可谓少之又少，媒体用人工智能主播发展研究的不足之处主要体现在如下几个方面。

（一）研究数量不足

截至 2017 年 3 月，中国知网（www.cnki.net）已收录了各类期刊文献八千二百万余篇，但其中并没有专门研究人工智能主播发展或是智能主播发展、特点及应用的学术论文或期刊文献。因此，人工智能主播的媒体语言发展特点、分类、应用等，需要通过大量的样本研究进行分析，以克服参考文献不足的弊病。

（二）理论研究不够深入

根据现有的新闻及专题报道、行业报告，罕有深入分析人工智能主播定义、分类、特点及应用的研究成果。关于人工智能主播的许多基本问题没有得到系统、深入的研究，更多的只是对某一现象的一般描述或是笼统介绍。

（三）系统规划缺失

目前，我国正处于互联网和大数据时代的蓬勃发展时期，硬件的变革推动着媒体形式的多样化。现在直至未来三十年，人工智能主播很可能将会以一种全新的媒体语言载体和传播者的角色进入人类社会生活的方方面面，如果不能及时地对这一领域进行前瞻式的探索，那么将是一种遗憾。做好对人工智能主播的系统规划研究，将有助于广播电视媒体语言的发展，同时也对融媒体时代下，在人工智能时代到来之际，广播电视媒体语言的发展趋势做出了一定的预判。对广播电视媒体语言新载体的应用及推广，产生了积极的意义。

综上所述，本文以梳理人工智能主播的发展为切入点，旨在通过对人工智能主播的媒体语言传播方式、传播内容、传播效果的分析，研究出人工智能主播的媒体语言传播语用规律和特点，研究结果将有助于媒体语言的发展，符合智能时代事物发展的需求。笔者将致力于使此研究结果既有静态的稳定性与普适性，同时又具有动态的开放性、可变性和交互性，从而在理论上填补国内学术界以及传媒领域对于这一问题研究的空白，也能在实践中为人工智能主播的媒体语言应用模式提供具有一定价值的参考依据。

第三节　研究方案

一、主要研究内容

人工智能技术和媒体产业从 2015 年开始进行不断融合，主要的应用案例体现在：人工智能主播的出现、机器人记者的出现、自动化新闻的生成、虚拟场景再造等。本文将着重关注人工智能对于推动广播电视语言的作用和价值，因此，调查和研究的案例集中在人工智能主播这一广播电视语言传播的新载体上。

研究将着眼于人工智能的发展、语言学的发展以及人工智能主播的发展。重中之重是梳理人工智能主播的全部发展历程，通过对在全球范围内出现的虚拟主播到智能主播的全盘梳理，尝试找到人工智能主播的发展规律、应用模式以及发展趋势；通过对比人工智能主播在不同节目中的语言传播样态，尝试找到最适合人工智能技术与媒体语言学结合的应用模式；通过对受众的意见调查分析，尝试得出人工智能传播用哪一种形态、传播方式最能使受众接纳；通过对业界媒体从业人员的访谈，尝试了解人工智能主播接下来发展可能遇到的机会、问题及瓶颈。这一切，都关系到广播电视语言在新载体、新模式、新技术下的发展和革新。

智能化正在催生新的产业。目前，人工智能主播在媒体中的应用还只是停留在试探受众反应和接受程度的层面上，以及检测人工智能主播自身的研发及设计是否符合媒体发展的阶段中，其距离人工智能主播的普及以及广泛应用还有一段有待发展的时间和空间。如今，我国已经将"机器人"和"智能制造"纳入国家科技创新的优先重点领域，国务院《关于积极推进"互联网＋"行动的指导意见》中将人工智能列为"互联网＋"

十一项重点推进领域之一，将智能制造视作产业转型的主要抓手。

新一轮技术浪潮推动着媒体节目传播手段及语言样态的与时俱进，本文将对人工智能主播在广播、电视和新媒体领域的应用进行初步的研究和探索。

值得注意的是，人工智能主播和传统的播音主持一定不是割裂的两个主体，而是你中有我，我中有你，互相作用。人工智能主播的技术设计标准，是建立在无限接近播音员、主持人的真人人声基础之上的。因此，在研究人工智能主播语用特点、语言创作手段的同时，需要通过与人类主播进行对比，这样得出的结论才有利于媒体语言传播的效力。人工智能主播由于自身条件的限制，只能执行任务而无法进行情感交流，那么人工智能主播的特点都有哪些，值得通过其类型的差异、应用平台的不同等做出细化分析。通过对目前人工智能主播在媒体中发展存在的问题和经验进行分析，对人工智能主播的发展趋势做出合理判断。

基于目前的研究来看，人工智能主播是在智能硬件高速发展时期，对媒体语言承载单位的新研发和新尝试，它符合时代发展的需求，同时符合广大受众要求多元化、信息化、科技化、个性化的欣赏和审美要求。

二、问题及解决办法

（一）可能遇到的问题和困难

第一，对人工智能主播传播广播电视媒体语言方面，可参考的资料不足。需要对人工智能主播的历史、现状、发展进行全面的考察，科学梳理人工智能主播出现的特点及规律，目前人工智能技术对媒体语言生产的影响和再造刚刚开始，针对人工智能主播及其媒体语言传播现状的研究缺乏著作及期刊文献的参考，这增加了研究过程的难度。需要研究者不光从现有的文献、参考书上收集资料，更多的是通过监测广播、电视、网络、手机客户端等媒介，做到资料收集全面、数据提取科学、现象分析准确、理论思考深入。

第二，对交叉学科所涉及的各个领域做深入了解。人工智能主播的研究涉及几种学科的交叉，分别是人工智能学和媒体语言学。这就需要研究者在对广播电视语言学有深入研究的同时，也能够通过对文献的理解和分析，对人工智能学科进行探索和总结。这也涉及一些哲学、计算机科学、心理学等方面的知识储备。对研究者的文献综述能力有较高的要求。

第三，做出有价值的趋势分析。之所以在这个时刻对人工智能主播进行媒体语言传播的现状和特点做出研究和分析，是在人工智能全面覆盖到各个领域之际，技术的变革是日新月异的，越早出现针对这一领域的研究报告，对于"智能＋媒体"这一新生事物在媒体语言传播时所承载的责任则越能够有清晰、精准的规划。出具这样具有前沿价值的理论报告，对人工智能主播的广播电视语言发展规划是有益的，在学界和业界都是一项创新性的工程，因此，要求研究者具备深度调查能力，以及跨领域研究和信息整合的能力，做出既有深度和前沿性，同时又具备实践指导意义的研究成果。

（二）解决的办法和措施

第一，针对人工智能主播的研究参考文献不足、样本不足的困难和问题，考虑以"中央电视台媒体资源库"为主要样本收集库，同时以"爱奇艺""腾讯视频""百度搜索引擎"等新媒体媒介为辅助样本选取库，对当前媒体中出现的虚拟主播、虚拟主持人、智能主播、智能主持人的样本进行全部调取，逐条梳理样本的特点、类型、应用领域及价值，以克服针对这一研究的参考文献不足的现状，同时，保证了样本选取的客观性、科学性和完整性。

第二，针对交叉学科的难点、疑点，研究者需要广泛收集有关人工智能学科的参考书和文献，通过对人工智能概念、发展历程、功能、应用领域的全面知识梳理，才能够更好地分析人工智能技术对推动广播电视媒体语言传播有怎样的作用和价值。因此，具备扎实的文献基础以及清晰、有逻辑性的总结和分析能力，对于交叉学科的研究是十分必要的。

第三，针对如何在未来提升人工智能主播进行广播电视语言传播的效力问题，研究者将加大对受众的调查，通过真实广泛的样本数据，分析人工智能主播的媒体语言传播方向，判断当下和未来人工智能主播的应用模式。同时，研究者通过对媒体从业人员的深度访谈，获取具有前沿价值的研究观点，并通过对研究内容的梳理，形成具有前沿价值的研究成果，确保研究成果的权威与高端。

三、特色与创新

（一）研究内容的创新

人工智能和媒体融合是刚刚兴起的新生事物，目前针对人工智能主播如何更好地传播广播电视媒体语言的研究仍处于空白。因此，本研究深度分析人工智能主播与媒体融合的发展状况、特性，梳理人工智能主播在传播广播电视媒体语言时的优势与不足，具有十足的创新性，探索了一种全新的广播电视语言语用主体和语用手段的可行性。

（二）研究视角的创新

本研究关注了广播电视语言传播的语用主体——人工智能主播，从人工智能主播本身的角度以及受众的角度深入分析人工智能主播的发展及趋势。研究还从人工智能的发展与智能主播的发展两个角度来分析"智能＋媒体"的发展特点，同时，广播电视语言载体的幕后发令者——制片人、编辑、导演、记者的意见也被广泛融入报告结论当中。研究视角较为全面，既注重人工智能主播对于广播电视语言传播重要意义的理论性，又具备结合现实应用角度分析和思考的创新性。

（三）理论成果的创新

本研究针对在全媒体中应用的人工智能主播，监测其出现的媒介、节目形态、时长，探索出人工智能主播对于广播电视媒体语言传播的作用和意义。根据语用主体的变化和语用范围的不同，提出人工智能主播媒体语言传播应用方式的理论设想，构建在人工智能时代的人工智能主播媒体语言发展规划。此研究成果可为中央及地方各级媒体单位推动广播电视媒体语言发展提供新的思路，具备一定的实践指导意义。同时又可直接服务于国家语言规划政策，其理论研究成果具备创新性。

四、研究方法

（一）文献分析与归纳的方法

通过对国内外相关文献的梳理与分析，总结以往相关研究中所使用的方法和得出的结论，为本研究提供借鉴。

（二）调查与统计分析的方法

通过对广播、电视以及新媒体中人工智能主播出现的节目进行分类调查取得样本，运用相关的统计方法对调查问卷和其他资料进行数据处理。运用因素分析的方法验证人工智能主播在媒体领域应用的语言规划。

（三）访谈的方法

通过对人工智能领域著作者以及受众的访谈，取得第一手资料，较全面地了解受众对于人工智能主播的基本态度、偏好等相关情况。

第一章 人工智能主播的诞生及发展

第一节 人类智能与人工智能

在研究人工智能主播的伊始，人工智能的概念和发展历程需要被精准地梳理。在纵览人工智能的历史和发展现状时，又免不了将其与人类智能进行比对，毕竟，人工智能发明者的目的是使"机器具备像人类一样思考的能力"[①]。人类的思维和智能也是通过亿万年的生物进化而形成的。回顾历史，我们赖以生存的地球是经过了数百亿年，才变成了今天的样子。据研究，一百三十五亿年前，经过了"大爆炸"之后，才出现了宇宙；在此之后又过了将近一百亿年，地球真正形成；而类似现代人类的动物出现并繁衍发生在二百五十万年前；大约七万年前，一些属于"智人"的生物才开始出现，并且创造出更复杂的社会架构，随之诞生了思维和语言。[②]

拥有思维和语言能力是人类智慧形成的开始，从此，人类开始区别于其他动物。人类能够用精准的语言来表达自己的想法，语言被传播、被记载，又使得人类的智慧得以永久传承。

一、人类智能的起源

三千年前，古希腊哲学家亚里士多德开始研究人类思维规律，当时的人类就对"智能的发生""物质的本质""宇宙的起源"以及"生命的本质"这四大领域发出了疑问。

然而智慧究竟是什么，它到底是生物进化的最终目的还是进化之源，这个问题一直以来充满争议。美国发明家雷·库兹韦尔在《人工智能的未

[①] ［美］斯图尔特·J.罗素、诺维格著，殷建平、祝恩、刘越、陈跃新译：《人工智能：一种现代的方法（第 3 版）》，清华大学出版社 2013 年版，第 3 页。

[②] ［以］赫拉利著，林俊宏译：《人类简史》，中信出版社 2014 年版，第 4—23 页。

来》中写道："人类智能可以帮助我们克服生物遗传的局限，并在这一进程中改变自我。而且在所有物种中，唯有人类能够做到这一点。"①

也就是说，人脑是智慧得以产生的独一无二的发源地。伴随着意识、思维和语言，智慧开始形成了。②

关于人类大脑和认知的关系如图1-1所示，分为五个层级。

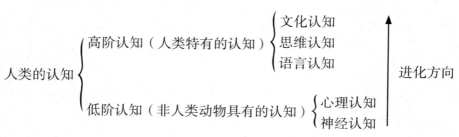

图1-1　人类认知的五个层级 ③

图1-1表明，"根据人类心智进化的历程，人类心智从初级到高级分为：神经层级的心智、心理层级的心智、语言层级的心智、思维层级的心智和文化层级的心智，由于认知是用心智来定义的，人类认知从初级到高级也分为五个层级"。④

人类智能，从生物学角度将其定义为"中枢神经系统的功能"，从心理学角度将其定义为"进行抽象思维的能力"。⑤

思维是人脑对于事物的一般特征以及本质特征的一种反应，思维被广泛理解为是只有人类才具有的高级认识活动。大脑则是需要以分层方式处理信息的不同模式。拥有最新进化的大脑结构，是哺乳动物与非哺乳动物最大的区别之一。思考就是大脑新皮质负责感官直觉，认知从视觉物体到

---

① ［美］雷·库兹韦尔著，贺俊杰、李若子、杨倩译：《人工智能的未来》，浙江人民出版社2016年版，第6—7页。

② 顾曰国：《当代语言学的波形发展主题三：语言、媒介载体与技术》，《当代语言学》2011年第1期，第22—48页。

③ 蔡曙山、薛小迪：《人工智能与人类智能——从认知科学五个层级的理论看人机大战》，《北京大学学报》2016年第4期，第147页。

④ 蔡曙山、薛小迪：《人工智能与人类智能——从认知科学五个层级的理论看人机大战》，《北京大学学报》2016年第4期，第145—154页。

⑤ ［以］赫拉利著，林俊宏译：《人类简史》，中信出版社2014年版，第34—58页。

抽象概念的各项事物和各种控制活动，以及认知从空间定位到理性思考的推理和语言。① 大脑新皮质则是帮助人类思考、形成思维以及产生意识的载体。

语言是人类最重要的交际工具，与智慧相同，语言也是人类与其他动物的根本区别之一。语言学赋予了每一个符号一种含义，使其产生了词义、句义，通过对于符号的理解，人们可以交换思想，进行对话。"人类的思维过程都是伴随着语言而产生的。语言区分了人类认知和动物认知，语言使思维成为可能，语言和思维形成知识并积淀成文化……因此，语言是人类心智的基础，语言决定思维和我们认识世界的方式，语言的限度就是世界的限度。"②

智慧通常指人们从感知到记忆再到思维这个过程，指人们对事物和问题能做出判断并找到最佳解决办法的一种能力。将意识、思维、语言、行为结合则是智能。智能是人类具有的特征之一。③

美国哈佛大学教育研究生院心理学、教育学教授霍华德·加德纳（Howard Gardner）提出了多元智能理论，将人类的智能分为八种类型：语言智能、节奏智能、数理智能、空间智能、动觉智能、自省智能、交流智能和自然观察智能。多元智能理论认为"智能是一种生物生理潜能"，并强调它与文化环境和社会需求之间的密切联系。④

总体来说，人的智能是人类理解和学习事物的能力，或者说"智能是思考和理解的能力而不是本能做事的能力"。⑤ "人类智能，就是神经、心理、语言、思维、文化五个层级上所体现的人类的认知能力。"⑥

---

① ［美］雷·库兹韦尔著，贺俊杰、李若子、杨倩译：《人工智能的未来》，浙江人民出版社2016年版，第10—18页。

② 蔡曙山、薛小迪：《人工智能与人类智能——从认知科学五个层级的理论看人机大战》，《北京大学学报》2016年第4期，第145—154页。

③ 陈如明：《智能、智慧及人工智能发展问题与向超级人工智能迈进的务实发展策略》，《数字通信世界》2016年第2期，第16—28页。

④ 沈自隆：《多元智能理论的产生、发展和前景初探》，《江苏教育研究》2009年第9期，第17—26页。

⑤ 蔡自兴等：《人工智能及其应用（第五版）》，清华大学出版社2016年版，第8—18页。

⑥ 蔡曙山、薛小迪：《人工智能与人类智能——从认知科学五个层级的理论看人机大战》，《北京大学学报》2016年第4期，第145—154页。

二、人工智能的诞生及发展

在了解"人类智能"之后,对"人工智能"概念便能够更好地进行理解。从字面意思来看,人工智能(Artificial Intelligence),英文简称 AI,直译的话,Artificial 的意思是:人工的、人造的、人为的、虚假的、非原产地的;Intelligence 的意思是:情报、智力、聪颖、情报机构。人工智能从英文意思到中文翻译,都蕴含着这样一层意思:模拟人类的智慧和思考的智能。

通过一些已有的研究,能够对人工智能概念得到更好的理解。"人工智能(能力)是智能机器所执行的通常与人类智能有关的智能行为,这些智能行为涉及学习、感知、思考、理解、识别、判断、推理、证明、通信、设计、规划、行动和问题求解等活动。"[①]"人工智能,就是让机器或人所创造的其他人工方法或系统来模拟人类智能。"[②]"人工智能是指机器对人类智能的模拟,是自电子计算机问世以后出现的一门新兴边缘学科,研究如何使计算机模拟人的感觉和思维过程,具备人所具有的获取信息和处理信息的能力,完成某些本来只有人才能胜任的工作。"[③]"人工智能:它不但试图理解智能实体,而且还试图建造智能实体。"[④]

蔡自兴等在《人工智能及其应用(第五版)》中综合了几种关于人工智能的定义:"人工智能是一种使计算机能够思维,使机器具有智力的激动人心的新尝试(Haugeland,1985);人工智能是那些与人的思维、决策、问题求解和学习等有关活动的自动化(Bellman,1978);人工智能是用计算机模型研究智力行为(Charniak & McDermott,1985);人工智能是研究那些使理解、推理和行为成为可能的计算(Winston,1992);人工智能是一种能够执行需要人的智能的创造性机器的技术(Kurzweil,1990);人工智能研究如何使计算机做事让人过得更好(Rick&Knight,1991);人工智能是研究和设计具有智能行为的计算机程序,以执行人或动物所具有的智

---

① 蔡自兴等:《人工智能及其应用(第五版)》,清华大学出版社 2016 年版,第 19—21 页。

② 蔡曙山、薛小迪:《人工智能与人类智能——从认知科学五个层级的理论看人机大战》,《北京大学学报》2016 年第 4 期,第 145—154 页。

③ 卓新贤:《人工智能的语言学问题》,现代外语出版社 1994 年版,第 1—5 页。

④ [美]斯图尔特·J. 罗素、诺维格著,殷建平、祝恩、刘越、陈跃新译:《人工智能:一种现代的方法(第 3 版)》,清华大学出版社 2013 年版,第 3 页。

能任务（Dean，Allen，Aloimonos，2003）；人工智能是一门通过计算过程力图理解和模仿智能行为的学科（Schalkoff，1990）；人工智能是计算机科学中与智能行为的自动化有关的一个分支（Luger & Stubblefield，1997）。"[1]

　　然而，对比本文在第一部分"人类智能"中的论述，智慧是人类特有的一种区别于动物的特征，是由人类大脑皮层细胞产生意识、语言、思维等，才产生了智慧。那么计算机通过程序设置，是否能够很好地对应和模拟人类的这一思维过程，在人工智能学家蔡自兴等人所著的《人工智能及其应用（第五版）》中，有一个对比表，将人类的认知活动与计算机的程序设置进行了对比。

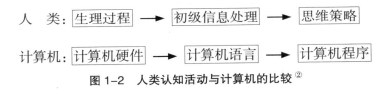

图 1-2　人类认知活动与计算机的比较[2]

　　图 1-2 表明，计算机的智能和人类智能有相似的思维过程，从理论上说是能够仿照人类思维模式复制和设置计算机思维模式的。在蔡自兴等《人工智能及其应用（第五版）》一书中，他的研究认为人的心理活动具有不同层次，心理活动的最低级为生理过程，也就是大脑的中枢神经系统、神经元和大脑的活动，接下来一级为初级信息处理系统，最高级为思维。与此对应的计算机运作流程则是：硬件、语言和程序。[3]

　　如此看来，随着科学和技术的发展，计算机已经逐步具备了能够模拟人脑进行智慧化思维的能力。虽然现在人工智能技术已经逐渐与各行各业展开融合，政府和大型企业也在人工智能研发领域进行了大量投入，其中包括本文研究的人工智能技术对媒体语言传播方式所带来的改变，产生了"智能主播""智能记者""智能写稿机器人"等。但人工智能技术的发展史实则不长，它是伴随着计算机的研发、"图灵"概念的提出、"达特茅斯会议"的召开而正式诞生的。

---

①　蔡自兴等：《人工智能及其应用（第五版）》，清华大学出版社 2016 年版，第 22—23 页。
②　蔡自兴等：《人工智能及其应用（第五版）》，清华大学出版社 2016 年版，第 22—23 页。
③　蔡自兴等：《人工智能及其应用（第五版）》，清华大学出版社 2016 年版，第 24—29 页。

（一）孕育时期

如果说人类对于智能机器和人工智能的梦想和追求，倒是可以尽情地往历史尽头追溯。"在公元前400年至前350年，我国东周时代出现了第一批自动化动物之一的能够飞翔的木鸟。"[①]

蔡自兴还认为，最初系统阐述支配头脑理性部分的精确规则的人，是古希腊哲学家亚里士多德（Aristotle，前384—前322）。"他认为分析学或逻辑学是一切科学的工具，他是形式逻辑学的奠基人。"[②]

很久以后，雷蒙·鲁尔（Ramon Lull）、托马斯·赫博等提出了推理可以使机械造物实现，以及推理能够进行数值运算，能够在思维中进行加减。[③] 然而，人工智能的孕育，还应该从计算机的历史看起。

1500年，列奥纳多·达·芬奇[④]设计了一台机械计算机，但没有建造出来。

1662年，世界上第一台机械式加减法计算机诞生于法国。法国数学家、物理学家布莱士·帕斯卡（Blaise Pascal）利用齿轮的运转方式和手摇的操作方式，发明了可以进行运算的机器，开启了用机器代替人脑算数的先河。

1671年，德国数学家莱布尼兹（G.W.Leibniz）制成了第一台能够进行加、减、乘、除四则运算的机械式计算机，使计算机的运算复杂程度再度得到提升。

1833年，英国科学家查尔斯·巴贝奇（Charles Babbage）设计了一种自动化的分析机，并且在这款计算机中引进了程序控制的概念，提出了现代计算机概念的设想，他所设计的分析机引进了程序控制的概念。这种程序控制的设计思想，可以说是现代计算机的雏形。

蔡自兴等在《人工智能及其应用（第五版）》中提道："在20世纪30年代和40年代的智能界，诞生了数理逻辑和关于计算的新思想，在那一时期出现的研究者：罗素（Russell）、怀特海德（Whitehead）、弗雷治

---

① 蔡自兴等：《人工智能及其应用（第五版）》，清华大学出版社2016年版，第33—36页。
② ［美］斯图尔特·J.罗素、诺维格著，殷建平、祝恩、刘越、陈跃新译：《人工智能：一种现代的方法（第3版）》，清华大学出版社2013年版，第7页。
③ ［美］斯图尔特·J.罗素、诺维格著，殷建平、祝恩、刘越、陈跃新译：《人工智能：一种现代的方法（第3版）》，清华大学出版社2013年版，第7页。
④ 欧洲文艺复兴时期的科学家、发明家、画家。

（Frege）等对于数理逻辑、计算本质、控制论、信息论、自动机理论、神经网络模型和电子计算机等方面做出了创造性贡献，奠定了人工智能发展的理论基础。"[1]

（二）初创时期

人工智能真正意义上的开始，则被学界和业界普遍认为是伴随着"图灵机"而诞生的。人工智能的初创时期是从"图灵机"与"图灵测试"开始的。

最早的计算机和人工智能"原型"可以追溯到"图灵机"。1936年，作为英国皇家科学院的研究员，二十四岁的艾伦·麦席森·图灵（Alan Mathison Turing）在《论可计算书及其在判定问题中的应用》一文中，提出了一款简单且运算能力极强的理想计算装置，这个计算装置就是"图灵机"。这款机器的设计是用来解决"可计算数"（computable numbers）问题的。[2]

"图灵机"是由一个控制器和一根假设可以无限长的工作带组成。工作带起着存储器的作用，控制器可以在带上左右移动。这种机器如果设计成功，就会既是一种逻辑符号处理器，也是可以进行数值计算的计算装置。鉴于此，"图灵机"对计算机的结构、可实现性和局限性都产生了深远的影响。[3]不过值得注意的是，"图灵机"并不真实存在，它只是一种思想实验。

美国发明家雷·库兹韦尔在《人工智能的未来》一书中分析："1936年图灵撰写的这篇论文从某种程度上受到了当时的数学家约翰·冯·诺依曼的影响。"[4]

匈牙利裔美籍数学家、计算机科学家冯·诺依曼（John von Neumann）于1935年在剑桥讲授了存储程序的概念，这个概念在"图灵机"中得到了深刻的体现。

---

[1] 蔡自兴等：《人工智能及其应用（第五版）》，清华大学出版社2016年版，第4页。

[2] 万赟：《从图灵测试到深度学习：人工智能60年》，《科技导报》2016年第7期，第26—33页。

[3] 胡宝洁、赵忠文、曾峦等：《图灵机和图灵测试》，《电脑知识与技术：学术交流》2006年第23期，第132—133页。

[4] ［美］雷·库兹韦尔著，贺俊杰、李若子、杨倩译：《人工智能的未来》，浙江人民出版社2016年版，第10—18页。

1950 年，图灵在《计算机与智能》一文中写道，他借用了一个测试来判断计算机是否具备人类大脑的智能标准。测试的参与者一边是人，另一边则是一台计算机，他们被分别放置在幕后，谁也看不清究竟哪方是计算机。提问者提出问题并通过判断双方回答的内容，辨别哪一个是计算机。如果提问者将参与者是人还是计算机判断错误的话，就认为计算机通过了测试，具备人类的思考能力，这就是著名的"图灵测试"，也是最早用来判断计算机是否具备人类思考能力的一种被普遍认可的测试。

2014 年，英国雷丁大学还组织了一次"图灵测试"，俄罗斯人弗拉基米尔·维西罗夫（Vladimir Veselov）创立的人工智能软件尤金·古斯特曼（Eugene Goostman）模仿了一个十三岁的小男孩回答了测试者输入的所有问题，结果它通过了"图灵测试"。

鉴于"图灵机"以及"图灵测试"给人工智能带来的深远影响，图灵被誉为计算机科学之父、人工智能之父，许多人工智能的重要方法也源自这位伟大的科学家。

与"图灵机"共同出现在人类科技里程碑上的还有机器人的三定律。1950 年，美国科幻小说家、科普作家艾萨克·阿西莫夫出版了科幻小说集《我，机器人》，并在书中提出了机器人的三定律，即"第一，机器人不得伤害人，也不得见人受到伤害而袖手旁观；第二，机器人应服从人的一切命令，但不得违反第一定律；第三，机器人应保护自身的安全，但不得违反第一、第二定律"[①]。在阿西莫夫提出这个著名的"机器人学三定律"时，世界上还没有机器人。但是，"机器人学三定律"由于影响深远，被称为"现代机器人学的基石"。

至此，人类对机器和人工智能的探索正式拉开了序幕。

（三）形成时期

学界普遍认可的是"人工智能"这个名称诞生于 1956 年夏季，人工智能的形成时期是从"达特茅斯会议"到 1970 年。

1956 年 8 月，在美国达特茅斯大学举办的一场长达两个月的学术会议上，"人工智能"第一次被提出并且讨论、研究。这次会议的主题是"讨

---

① ［美］艾萨克·阿西莫夫著，叶李华译：《我，机器人》，江苏文艺出版社 2013 年版，第 66—82 页。

论如何应用机器模拟人类的智能问题"。①会议的官方名称是"达特茅斯会议"（Dartmouth Conference），与会者包括美国普林斯顿大学的约翰·麦卡锡（John McCarthy）、明斯基（Minsky ML）等年轻的科学家。在会议上，麦卡锡提出了"人工智能"的概念，并得到了与会者的认同和讨论。这是人类历史上的第一次人工智能研讨会，标志着国际人工智能学科的诞生，具有十分重要的历史意义。②在"达特茅斯会议"之后，又出现了若干科学家对"信息处理语言"（Information Processing Language）进行研究，在这个基础上研究结果发展成为"逻辑推理机"（Logic Theory Machine）。

另有一种说法是，人工智能的最早工作是由美国神经生理学家、控制论专家沃伦·麦克洛克（Warren McCulloch）和美国逻辑学家沃尔特·皮茨（Walter Pitts）在1943年完成的，是他们两位科学家利用了"基础生理学知识和脑神经元功能""罗素和怀特海德对命题逻辑的形式分析"以及"图灵的计算理论"三种资源设计完成的。③

同样在1956年，冯·诺依曼对计算机的发展做出了精彩且有预见性的构想。《计算机与人脑》（*The Computer and The Brain*）一书是对智能的一种检视。这部作品是最早从数学家和计算机科学家的角度对人脑进行的严肃探究，此前，计算机科学和神经科学是没有任何交集的两个领域。④

两年之后的1958年，冯·诺依曼的《计算机与人脑》在他逝世后出版了。在这一年，曾经参加了"达特茅斯会议"的科学家约翰·麦卡锡来到了美国麻省理工大学（MIT），他在这里研发出了人工智能的编程语言"Lisp"，并在接下来的几年中在美国斯坦福大学创立了人工智能实验室。在这段时间内，美国知名学府高校的实验室中充斥着对人工智能以及其拓展领域、细分学科的研究，他们共同的目标就是使充满物理符号系统的计算机实现人类大脑的思考能力和运转功能。

1959年，美国英格伯格和德沃尔制造出世界上第一台工业机器人，宣

---

① 徐愚：《机器与语言》，中共中央党校博士学位论文，2016年，第63—92页。

② 蔡自兴：《中国人工智能40年》，《科技导报》2016年第15期，第12—32页。

③ ［美］斯图尔特·J.罗素、诺维格著，殷建平、祝恩、刘越、陈跃新译：《人工智能：一种现代的方法（第3版）》，清华大学出版社2013年版，第16—17页。

④ ［美］雷·库兹韦尔著，贺俊杰、李若子、杨倩译：《人工智能的未来》，浙江人民出版社2016年版，第77—98页。

告机器人从科学幻想变为现实。①

1963 年后，尝试使用自然语言通信，成为科学家们新的研究内容。如何让计算机理解自然语言、自动回答问题、分析图像或图形，成为这一阶段人工智能研究的重要目标。②20 世纪 60 年代末，SDC 公司奎利恩（Ross Quillian）等设计的自然语言翻译程序遇到了计算机内存容量有限的问题。除了计算机的容量问题，图像和声音的识别也需要大量的样本采集，在当年的数据库发展薄弱的条件下，人工智能的发展遭遇瓶颈。

（四）发展困难时期

人工智能技术从 1966 年开始直至 1973 年，经历了一段困难的发展阶段。

1966 年，美国政府组织的自动语言处理调查委员会给出 ALPAC 报告后，人工智能开始遇冷。

斯图尔特·J.罗素（Stuart J.Russell）在《人工智能：一种现代的方法（第 3 版）》中，总结了人工智能早期系统在 20 世纪 50 年代末到 20 世纪 70 年代末所遭遇的问题："第一，早期程序对其主体一无所知，而只是依靠简单的句法处理获得成功；第二，人工智能试图求解的许多问题存在难解性；第三，用来产生智能行为的基本结构存在某些根本局限。"③

发展困难时期的人工智能在实践中遭遇了很多挫折。比如：一款基于俄语和英语语法的翻译机器被设计出炉，试图加速完成俄语论文的翻译，但是在实践中，僵硬的直译使语言的内容产生了很多歧义，最终这种翻译机没有被广泛应用于学术论文的翻译中。翻译机器遇冷。

接下来，受到计算机内存和运算速度的限制，第一轮人工智能的研发浪潮遭遇了低谷。

1973 年，英国政府发布了剑桥大学教授莱特希尔的人工智能调查报告，给第一轮人工智能的发展正式画上了句号。④

---

① 万赟：《从图灵测试到深度学习：人工智能 60 年》，《科技导报》2016 年第 7 期，第 26—33 页。

② 邹蕾、张先锋：《人工智能及其发展应用》，《信息网络安全》2012 年第 2 期，第 11—13 页。

③ ［美］斯图尔特·J.罗素、诺维格著，殷建平、祝恩、刘越、陈跃新译：《人工智能：一种现代的方法（第 3 版）》，清华大学出版社 2013 年版，第 21 页。

④ 万赟：《从图灵测试到深度学习：人工智能 60 年》，《科技导报》2016 年第 7 期，第 26—33 页。

（五）人工智能成为产业

从 1980 年开始至今，人工智能开始不断发展，并与各领域发生融合。

"进入 20 世纪 80 年代，人工智能开始了以'知识'为中心的发展阶段，越来越多的人认识到'知识'在模拟智能中的重要性，围绕'知识''推理''机器学习'以及结合问题领域知识的新认知模拟模式，进行了更加深入的探索。"[①] 人工智能技术进入以推理技术和知识获取机器视觉的研究为主，同时开始把研究重点放在为不同的系统提供它们所在领域的专业知识上，尝试通过专业知识和推理机制达到新的专业水平。[②]

逐渐有商业系统使用了人工智能技术，如：美国 DEC 公司开发的用户订单配置系统。这个系统的开发始于 DEC 公司的一个商业困境，由于销售人员经常把用户选购的配件产品混淆，导致生产错误的产品，增加了公司运营成本。于是，美国卡梅大学借助智能系统的知识来帮助 DEC 公司开发了一套全新的系统。这套系统通过销售人员反馈的两千五百多条配置规则，研发出了应对客户的全新办法，用现代的科技名词来看，这与"大数据"采集和应用的逻辑十分相似。DEC 公司在这套 XCON（订单专家）系统的帮助下，运行六年共处理了八万多笔订单，准确率高达 95%~98%，为 DEC 公司节省了两千五百多万美元的成本。[③]

同一时期，日本计算机推出了"第五代计算机研制计划"，目标是用非数字化的方式在日常范围内全面地模仿人类行为。[④] 从某种意义上说，这时的人工智能技术除了强调机器本身的功能性之外，在外形和程序设定方式上已经开始向"类人化"进行着不断的探索。

进入 20 世纪 90 年代，随着互联网的兴起，人工智能迎来了一个全新的发展阶段。在互联网出现之前几年，阿帕网曾经通过大学和研究所渗透到民间。1989 年，"万维网蓝图"的报告被当年在欧洲量子物理实验中心的蒂姆·帕纳斯·李（Tim Berners Lee）提出，到 1990 年年底，世界上第

[①]　邹蕾、张先锋：《人工智能及其发展应用》，《信息网络安全》2012 年第 2 期，第 11—13 页。

[②]　胡勤：《人工智能概述》，《电脑知识与技术》2010 年第 13 期，第 57—59 页。

[③]　万赟：《从图灵测试到深度学习：人工智能 60 年》，《科技导报》2016 年第 7 期，第 26—33 页。

[④]　胡勤：《人工智能概述》，《电脑知识与技术》2010 年第 13 期，第 57—59 页。

一个万维网浏览器和第一个网络服务器诞生。

随着万维网的诞生和互联网的发展，大量链接在一起的计算机为人工智能的网络化奠定了高速发展的基础。

从 1991 年开始，人工智能开始在神经网络技术方面逐步发展。

1997 年 5 月，美国 IBM 公司生产的计算机系统"深蓝"（Deep Blue）战胜了国际象棋世界冠军卡斯帕罗夫。"深蓝"是一台超级国际象棋计算机，重一千二百七十公斤，有三十二个微处理器，每秒钟可以计算两亿步。在程序的设定上，"深蓝"输入了一百多年来优秀棋手的对局两百多万局。"深蓝"战胜世界冠军的事件引起了广泛的关注。

2006 年生产"深蓝"的 IBM 公司又生产了一款计算机技术平台，取名"沃森"（Watson）。比"深蓝"更胜一筹，"沃森"具有理解、推理、学习等功能，并具备自然语言处理器和信息分析能力。它通过对海量社交媒体数据和商业数据的分析，读取用户的个性。因此，"沃森"并不是简单的技术集合体，而是改变人类生产方式、生活方式的一种变革的开始。

2011 年，英国科学家开始研发一种宽度为一厘米的芯片，尝试让人类想要做出某个动作时，芯片上的电极会迅速接收神经冲动信号，通过数据处理技术，来分析大脑神经运动，破译人们的想法。

随着科学和技术的进步，人类对于人工智能技术的探索不断推进着生活的改变。正如美国发明家雷·库兹韦尔在《人工智能的未来》一书中所描述的，人类的最终梦想是研究出一种人造大脑，它无论从功能性到灵活性都可以比肩人类大脑。"假如我们以一种人造版本来扩大新皮质，就无须担心我们的身体、大脑能容纳多少附加的新皮质，因为就像今天的计算技术一样，人造新皮质大多会储存在云端。"[1] 而这种发明为的是更高效率地生活和生产。

三、人工智能和语言学

人工智能是伴随着计算机的诞生而出现的一种智能科学，它是应用智能科学的一个分支，也是一门综合了哲学、数学、经济学、神经科学、心

---

① ［美］雷·库兹韦尔著，贺俊杰、李若子、杨倩译：《人工智能的未来》，浙江人民出版社2016 年版，第73—86 页。

理学、计算机工程、控制论、语言学的交叉学科。①

语言学是以人类语言为研究对象的学科，探索范围包括语言的性质、功能、结构、运用和历史发展，以及其他与语言有关的问题。语言是人类区别于动物的重要标志。约在十万年前，人类知道如何说话，而在约七千年前，人类学会了如何书写，人类能够使用离散符号，可靠地传递大量的不同质量的信息。②

（一）语言学是人工智能技术发展的基础

人工智能技术和语言学的发展有着密不可分的联系。人工智能技术中的自然语言理解能力，就是在对语言学进行深入分析之后，对计算机进行的程序设置，使其具有像人类一样能够进行思维、组织语言的能力。人类对语言的研究有着悠久的历史。语言是人与人之间交往的重要工具、意义的载体、思维的介质，在人类社会生活中无所不在。③只要有人的地方就有语言。

（二）自然语言处理赋予计算机智能

在人类出现语言并开始应用语言之后，人类就开始探索如何使机器也具有语言能力，于是就出现了机器语言——自然语言处理这门学科。虽然人工智能所包括的内容有图像和模式识别、机器翻译等课题，但其核心是自然语言理解，因为运用语言的智能，是人类认识和了解世界最基本的智能，也是人类所具有的区别于其他动物的最为复杂和最为独特的一种智能。④

自然语言处理是计算机对人类的口头和书面形式的自然语言进行加工、处理和应用的技术，是一门涉及语言学、数学、计算机科学和控制论等多学科交叉的边缘学科，是人工智能和智能科学的一个重要分支，也是人工智能早期的和活跃的研究领域之一。⑤目前，机器能够识别形象和意识、形成概念、采用相应的决定。

---

① ［美］斯图尔特·J.罗素、诺维格著，殷建平、祝恩、刘越、陈跃新译：《人工智能：一种现代的方法（第3版）》，清华大学出版社2013年版，第6—16页。

② ［美］斯图尔特·J.罗素、诺维格著，殷建平、祝恩、刘越、陈跃新译：《人工智能：一种现代的方法（第3版）》，清华大学出版社2013年版，第715页。

③ 蓝纯：《语言学概论》，外语教学与研究出版社2009年版，第22—26页。

④ 卓新贤：《人工智能的语言学问题》，《现代外语》1994年第4期，第1—5页。

⑤ 蔡自兴、徐光祐：《人工智能及其应用：研究生用书》，清华大学出版社2004年版，第377页。

从古希腊、古罗马时代，人类就提出了用机器模拟人类思维的问题，直到 1954 年第一个机器翻译系统问世以来，让计算机开始理解人类语言这一研究才正式开始。①

自然语言处理包括自然语言理解和自然语言生成两个方面，自然语言理解系统把自然语言转化为计算机程序更易于处理和理解的形式；自然语言生成系统则把与自然语言有关的计算机数据转化为自然语言。自然语言理解又称计算语言学。②

对自然语言处理的研究可以追溯到 20 世纪 20 年代。不过，一般认为自然语言处理的研究是从机器翻译系统的研究开始的。③

1. 萌芽阶段

最早的机器翻译研究开始于美苏两国，1949 年美苏开发了俄译英、英译俄的机器翻译系统。20 世纪 40 年代至 60 年代中期，自然语言处理技术开始进入萌芽阶段。

1954 年，美国乔治敦（Georgetown）大学与 IBM 公司合作，在 IBM 701 计算机上将俄语翻译成英语，进行了第一次机器翻译实验。尽管这次实验使用的机器词汇仅有二百五十个俄语单词，机器语法规则也只有六条，但是，它的发明却奠定了机器翻译的基础。④

1956 年，美国哲学家犹太裔的乔姆斯基（Avram Noam Chomsky）建立了自然语言理解研究中语法分析所必须依赖的语法体系。

2. 发展阶段

20 世纪 60 年代后期至 80 年代中期，是自然语言处理技术的发展阶段。

1968 年，语义检索系统（Semantic Information Retrieval, SIR）在美国麻省理工大学被开发成功。这个系统能够对用户用英语的提问进行回答。在

---

①　蔡自兴、徐光祐:《人工智能及其应用：研究生用书》，清华大学出版社 2004 年版，第 377 页。

②　蔡自兴、徐光祐:《人工智能及其应用：研究生用书》，清华大学出版社 2004 年版，第 377 页。

③　蔡自兴、徐光祐:《人工智能及其应用：研究生用书》，清华大学出版社 2004 年版，第 381 页。

④　蔡自兴、徐光祐:《人工智能及其应用：研究生用书》，清华大学出版社 2004 年版，第 382 页。

这一阶段出现的众多研究成果，对于计算机进行语法分析、句法分析及语义分析等方面做出了很大贡献。这些成果包括"词汇功能语法"和"功能合一语法"等。

3. 繁荣阶段

从 20 世纪 80 年代开始至今，自然语言处理技术的发展进入繁荣阶段。自然语言处理研究者从 20 世纪 80 年代开始越来越多地开展实用化和工程化的解决方法研究。从 20 世纪 90 年代开始，自然语言人机接口和机器翻译系统开始进入国际市场。这个时期自然语言处理研究的标志是基于语料库的统计方法用于自然语言处理，提出了语料库语言学。[①]

（三）自然语言理解的内容和意义

计算机的自然语言理解过程包括五个层次，依次是：语音分析、词法分析、句法分析、语义分析和语用分析。

事实上，根据计算机自然语言理解的内容和层次可以看出，计算机的自然语言理解功能实际上是让机器在掌握语言材料的数据库基础之上，具备分析语言文字符号的能力，从而理解句法和语言的表达意思，进而进行机器翻译或是语言交流的一个过程。

人工智能的研发为的是让机器能够模拟人脑进行思考和运转，其最终目的是帮助人类实现更高效和便捷的生活。自然语言理解系统和自然语言问答系统的研究是人工智能学科吸收了大量语言学知识的交叉学科研究成果。虽然使人工智能具备语言能力的应用目的并非是唯一的，但是其快速发展的结果使机器具备语言传播新载体成为了客观事实。因此，使计算机具备自然语言能力的研究，为人工智能成为语用载体的出现，奠定了理论基础。

第二节　虚拟主播的诞生及发展

人工智能被开发和应用的根本目的，是使机器更好地为人类服务。因此，让机器具备像人一样思维及行动的能力，为的是让机器应用于人类生

① 蔡自兴、徐光祐：《人工智能及其应用：研究生用书》，清华大学出版社 2004 年版，第 383 页。

活的各个领域，当然也包括媒体行业。近年来，从包括广播、电视在内的传统媒体，到以互联网、移动手机为主的新媒体，都在与人工智能技术不断融合。比如，"腾讯网"出现了"写稿机器人"，这种智能机器人能够整合大数据以及财经资讯，通过一定的程序设定，写出完整有效的文稿。这就意味着媒体行业的记者、编辑岗位，有可能随着科技的发展，被人工智能机器人所取代。在媒体行业的内容生产中，编辑、记者、主播是媒体语言的生产者和传播者。在每一天的新闻资讯、综艺节目、大型晚会中，观众能够在电视及新媒体中看到的影音视频，以及听众能够在广播中听到的节目，都是由一线新闻记者以及编辑通过对资料的采集、收集和整理，撰写出符合不同节目类型的文稿内容。文稿是媒体语言传播的核心内容。任何媒体语言的传播载体，在传播媒体语言的时候，实际上都是基于对文稿的理解，在此基础上进行的二度创作。那么，一旦机器人学会了写稿子，并且已经在诸如"腾讯财经""光明网"这样的新媒体中成为媒体语言的撰稿者，这对于媒体语言的影响可见一斑。

如今，能够进行新闻资讯播报和主持的智能机器人也陆续出现。以美国微软公司生产的智能语音机器人"小冰"为例，2015年12月22日，它以实习气象主播的身份，在我国上海东方卫视节目中亮相。"小冰"可以说是一位非常"敬业"的新闻主播，因为她每天都出现在电视屏幕中，少有休息。值得关注的是，不但"小冰"的有声语言的声音质量和人类十分接近，就连其评论起时事也完全不"吃螺丝"，也就是能够较为准确地进行时事评论。"小冰"的出现对于媒体行业来说，是一个重磅新闻，也掀起了一番热议。但无论是业界还是学界更多的还是持一种观望的态度，需要通过"小冰"为期一年的实习期，来检测这种以人工智能技术与媒体进行融合的智能产品，究竟能不能胜任媒体语言传播载体的重任。

通过对现有资料的梳理发现，最早区别于人类媒体语言载体的是虚拟主播。"虚拟主持人是指通过数字技术处理，再经由广播、网络等通信传媒与受众形成交互的仿真人形象，他们依据主持人的行业标准设计其行为。"①

发明者从制造虚拟主播的时刻开始，实际上就希望通过科技手段，来

---

① 蒋一莉、李安安：《浅析虚拟主持人在中国的发展困境》，《传媒观察》2015年第8期，第39—41页。

减轻媒体语言传播者的负担，或是提高媒体语言生产效率。人们希望通过一种机器化大生产，来完成本应由人类在媒体中完成的工作。最早的虚拟主播诞生于 2000 年，受当时虚拟现实技术的限制，虚拟主播还不能像现在的人工智能主播一样，如此和人类相似，如此智能化。但是从某种程度上说，虚拟主播是人工智能主播的前身，它们的特征非常相似：第一，都是非人类的媒体语言载体；第二，功能都是向受众传播媒体语言。通过梳理虚拟主播的发展历程，能够发现其与智能主播的发展存在着千丝万缕的联系。人工智能主播后期在设计和研发的过程中，有不少经验和设计理念是继承和发扬着虚拟主播所积累的经验。所以，本节通过梳理虚拟主播的诞生和发展，来全面纵览媒体语言传播载体在"非人类"即"类人机器人领域"的演进过程。"类人机器人是一种具有人的外形，并能够效仿人体的某些物理功能、感知系统及社交能力，并能承袭人类部分经验的机器人。"[1]

一、虚拟主播的萌芽阶段

和事物的发展规律一样，虚拟主播也经历了几个发展阶段，从 2000 年的萌芽期到 2015 年的衰落期，经历了十五年的发展。或许是受限于虚拟现实技术本身的技术壁垒，直到现在，虚拟主播并没有给媒体行业带来巨大的影响和冲击，这是与本文后续将梳理的人工智能主播所不同的。

就现有的文献和专著而言，对虚拟主播的论述极少，能给虚拟主播一个清晰定义的更是少之又少。有学者认为"所谓虚拟主持人，即运用数字虚拟技术，按照人体的三维指标，制造出来的人物形象，并把它置于信息播报的角色上，在网络或者电视上担当主持人"[2]。也有学者避开了晦涩的定义，而针对虚拟主持人的播报方式做出了阐述："虚拟主持人根据播报方式又分为实时与非实时主持人，按时限技术分为给予关键帧动画的虚拟主持人、基于人工智能技术的虚拟主持人以及基于跟踪设备的实时虚拟主持人。"[3]

---

① 陈兵、骆敏舟、冯宝林等著：《类人机器人的研究现状及展望》，《机器人技术与应用》2013 年第 4 期，第 25—30 页。

② 杨先起：《电视虚拟主持人的生存空间探讨》，《广电时空》2005 年第 3 期，第 92—93 页。

③ 王兆其、杨长水：《虚拟主持人的设计与实现》，《电视字幕·特技与动画》2002 年第 9 期，第 14—16 页。

针对这一类形象是通过虚拟现实技术合成的，功能和作用又是进行媒体语言传播的媒体语言传播载体，学界和业界的各种命名也不一，有学者把这种新载体称为"虚拟主播"①，也有学者称为"虚拟主持人"②。

那么鉴于在媒体语言传播过程中，播音员、主持人各自的分工不同，播音员更多的是对媒体语言进行宣读式、播报式的传播风格；主持人更多的是进行评述式、谈话式的传播风格；主播则是介于二者之间。因此，在本文中将统一用虚拟主播来概括，这一类形象是虚拟现实技术合成的，功能和作用是进行媒体有声语言传播的这一类新语用载体。笔者认为虚拟主播可以被理解为由高科技仿真技术合成的媒体语言传播新载体。

虚拟主播的萌芽期是伴随着互联网技术的发展而兴起的，2000 年 4 月，世界上第一位虚拟主播"安娜诺娃"在英国诞生了。

（一）世界上第一位虚拟主播的出现

从可以查阅的资料上显示，世界上第一位虚拟主播诞生在英国。2000 年 4 月，英国报业联会媒体公司在网络上推出了一款通过三维技术制作的虚拟主播——安娜诺娃（Ananova）。③

图 1-3　虚拟主播安娜诺娃 ④

---

①　张昕：《虚拟主持人在电视媒体中的应用》，《科技与传播》2005 年第 5 期，第 72—73 页。

②　蒋一莉、李安安：《浅析虚拟主持人在中国的发展困境》，《传媒观察》2015 年第 8 期，第 39—41 页。

③　汤民国：《虚拟美女做主持数字时代新气象》，《科学时代》2000 年第 13 期，第 8 页。

④　新浪网："虚拟明星逐个数，新闻女郎安娜诺娃"（2001 年 6 月 26 日），http://ent.sina.com.cn/s/u/48133.html。

如图 1-3 所示，"安娜诺娃"的外形是根据英国在 2000 年红极一时的乐队辣妹（Spice Girls）成员维多利亚（Victoria Beckham）的形象设计而成的，"安娜诺娃"诞生于英国，其传播语言是英语，其外形设计也是根据欧洲人的审美取向而设定的。

在有声语言传播方面，通过三维技术的处理，"安娜诺娃"的声音和人类极为相似。"安娜诺娃"的设计公司——英国报业联会媒体公司选择在网络上让安娜诺娃出现，是为了试探受众对于虚拟主持人的接受度。结果表明，人们对于"安娜诺娃"给予了极大的关注。[1]

（二）我国第一位虚拟主播

在虚拟主播的研发和设计上，我国并没有落后于国际水平。数据和资料显示，2000 年 5 月 25 日，在距离世界上第一位虚拟主播"安娜诺娃"的诞生仅一个月之后，我国第一位网络虚拟主持人"GoGirl"就诞生在 51go 网站。[2] 在网络域名为 www.51go.com 的网站上，"GoGirl"成为了这里的主人公。无独有偶，设计者的设计理念也和"安娜诺娃"相似，"GoGirl"的外形是根据当年在亚洲红极一时的中国演员赵薇及歌手李玟的形象设计的。遗憾的是，现在这个虚拟主播网站早已不复存在。

（三）在全球范围内虚拟主播陆续出现

在互联网的催生之下，新事物的发展已经呈现全球化趋势。有意思的事物和概念在短时间内就会被复制和传播。在"安娜诺娃"和"GoGirl"出现后不久，北美及亚洲经济较发达的国家和地区陆续推出了带有各国特色的虚拟主播。如，美国推出了虚拟主播"薇薇安"（Vivian）（www.vivianlives.com），日本推出了虚拟主持人"寺井有纪"（Yuki）（www.wgn.co.jp/yuki），韩国推出了"露西雅"（Lusia）（www.lusia.com），我国又推出了既是歌手又是虚拟主播的"阿拉娜"（Alana）（www.virtual-idol.com），以及我国香港特别行政区的一家网络电视台"香港宽频"在其视频网站上推出的虚拟主播"Icy"。[3]

二、虚拟主播的蓬勃发展阶段

在虚拟主播出现的 2000 年年初,当时互联网技术并没有如今这样发达,网络带宽和网速对虚拟主播的发展是一种制约。在 2000 年至 2006 年,以电视为主的传统媒体依然占据着收视率和影响力的绝对优势,虚拟主播经历了在互联网站的短暂萌芽阶段之后,作为新生事物,它开始向电视领域发展。

(一)我国省级电视台陆续推出电视虚拟主播

1. 我国较早出现的电视虚拟主播

最早在我国电视银幕上出现并进行媒体语言传播的电视虚拟主播,被认为是吉林电视台的"TVNO.1"。[①]

2000 年 12 月 23 日,在吉林电视台的《网络时空》栏目中,"TVNO.1"负责主持《业界视窗》栏目。在半个小时的视听版块里,长约五分钟的新闻类栏目《业界视窗》由"TVNO.1"负责播报。"TVNO.1"经历了四次修改,最终被设计成为一个身着半袖 T 恤的短发虚拟女主播。[②]

2. 江苏电视台打造虚拟主播

在吉林电视台的虚拟主播"TVNO.1"出现三个月之后,在 2001 年 3 月 29 日,江苏电视台城市频道《现在娱乐》栏目也打造了一名虚拟主播"QQ 小姐"。[③]"QQ 小姐"被设计成为会多国语言的电视节目主播,并且外形清秀,符合受众审美。

与"TVNO.1"不同的是,在这档节目中,"QQ 小姐"并不是独立完成一个节目版块的媒体语言播报,而是与一名真人主持人一起,进行整个节目的主持工作。

值得关注的是,"QQ 小姐"的幕后配音者,并不是播音主持专业的配音人员,而是一位非"专业资深人士"。[④]

---

① 王眉:《电视虚拟主持人挑战传统节目主持人》,《新闻记者》2001 年第 10 期,第 35—36 页。

② 陈锐:"她比'言东方'还早三个月,吉林虚拟主持人要争第一"(2001 年 3 月 4 日),http://view.news.sohu.com/55/00/news144240055.shtml。

③ 路晴:《电视从业人员的新成员——虚拟主持人》,《视听界》2001 年第 5 期,第 49 页。

④ 王彪:"江苏虚拟主持人 QQ 小姐在争议中出闺"(2001 年 3 月 28 日),http://news.eastday.com/epublish/gb/paper148/20010328/class014800008/hwz348252.htm。

3. 天津电视台的虚拟主播

2001 年 5 月 13 日晚间黄金时段，在天津电视台播出的《科技周刊》电视节目中，虚拟主播"言东方"和一位真人女主播成为荧屏搭档，共同主持节目。

图 1-4　电视虚拟主播"言东方"在节目中 [1]

如图 1-4 所示，"言东方"和一位女主播一同坐在演播室内主持节目。实际上，"言东方"是通过技术处理之后，才在受众面前呈现出与女主播一同主持节目的样子的。在"言东方"刚刚被设计出炉时，它有一个英文名字叫"比尔·邓"，连他的形象也是偏西洋化的。然而，之后通过网络民意调查，许多网友认为"比尔·邓"的名字不够"接地气"，因此天津电视台又展开了针对这款虚拟主播的网络征名活动。最后，"言东方"成为这位电视虚拟主播的新名字。他的形象也经过设计修改，变成了中国面孔。

（二）虚拟主播在中央电视台的发展轨迹

事物是存在普遍联系的。虚拟主播从各主播网站走进电视荧屏之后，其逐渐从一个符号、一个新概念，成为广播电视语言的新传播者。2001 年 5 月，以中央电视台为代表的中央级电视媒体也开始启用虚拟主播。

---

① 丁学峰:《言东方：中国首个虚拟电视主持人》,《新闻周刊》2001 年第 20 期，第 52 页。

1. 中央电视台的第一位电视虚拟主播

2001 年 5 月 12 日，在中央电视台播出的"第四届中国北京高新技术产业国际周特别节目"中，[①] 在片头之后，虚拟主播"伊妹儿"作为节目的第一个亮相环节，负责介绍高新技术产业国际周的现场情况，在第二个环节中，主持人李楠、李咏等才出现并介绍"国际周"的具体内容。在时长为二分五十秒的主持中，虚拟主播"伊妹儿"向电视机前的观众介绍了展览现场的情况，其中包括防缩抗皱的丝绸服装、具有远程控制功能的洗衣机、汽车远程服务系统、蜜蜂 16 直升机的性能、第一台可移动彩色可视电话和最快的单页纸张数码彩色打印机等富含科技元素的参展消息，与其虚拟主播的身份也相得益彰。[②]

为了能使观众在视觉上、心理上和情感上更能接受这位"媒体新人"，"伊妹儿"被打造成极富科技元素的形象。它戴着头盔，身穿紧身银色太空服，虽然依然是以虚拟形式出现的，但在 2001 年 5 月这个时间节点，足以证明中央媒体在运营上的超前意识，同时，"伊妹儿"也不负众望，顺利地完成了当天的播报和主持工作。

2. 中央电视台主持时间最长的电视虚拟主播

如果说"伊妹儿"是中央电视台对虚拟主播是否能够顺利完成播报任务的一次实验，之后，中央电视台电影频道（CCTV-6）《光影周刊》栏目则推出了一位在中央电视台历史上任职时间最长的虚拟主播——"小龙"。2004 年 11 月 20 日，虚拟主播"小龙"出现在《光影周刊》栏目中。

从有声语言的作用上，"小龙"和普通的人类主播一样，都需要对节目中的短片串场。通过对解说词的二度创作，"小龙"在节目中起到了起承转合的作用，将整个节目的每一个短片通过媒体语言中的有声语言进行了串联。

就有声语言本身而言，"小龙"是由一位配音人员在幕后赋予了它语言的生命力，也就是说，"小龙"的有声语言实际上是由传统的解说词配音人员为它进行配音的。这就要求"小龙"的有声语言创作的方方面面需要与传统的播音主持要求相一致，也就是说虚拟主播的有声语言应用规则

---

① 参考中央电视台媒体资料管理库。
② 参考中央电视台媒体资料管理库。

与规律，与传统的播音主持规则和规律相一致。

在副语言或者体态语言方面，就不得不先来了解一下"小龙"的外形设计。

如图1-5所示，小龙被设计成为一名虚拟的时尚青年，身高1.75米。通过其在视频中的主持能够发现，"小龙"的体态语言一直配合着有声语言，在节目中进行主持的同时，"小龙"做出适当的手势、动作，使其整体的主持风格绘声绘色，并不令人感觉牵强。

图1-5　中央电视台电影频道虚拟主持人"小龙"[①]

为了使"小龙"有一个完整的主播人物特色，"小龙"还被设定成为外语能手，在进行节目主持的时候，偶尔也会说几句英文，活跃气氛。

从中央电视台资料库调取的"小龙"的主持视频资料来看，截至2006年第42期《光影周刊》，"小龙"一直是《光影周刊》栏目最后一个版块"小龙推荐"的主持人。在这个时长约为六分钟的版块中，"小龙"给观众传递的是新影片及优秀影片推介的语言信息内容。

从2000年年初，虚拟主播登陆互联网开始，这一媒体语言的新载体就不断从互联网辐射到电视媒体，从省级电视媒体辐射到中央级电视媒体。在大约五年的时间内，截至2005年，可以说虚拟主播的热度不减，一直成为各类媒体竞相尝试的一种新媒体语言传播者的代表。在"小龙"

[①]　土豆网："虚拟主持人小龙"（2012年7月4日），http://www.tudou.com/programs/view/gOHeHWb1Rw8/。

之后，又有福建电视台的虚拟主持人"福老太"作为房地产栏目《家在福州》的主持人出现，也有虚拟主播"江灵儿"先后担任了 2002 年西博会、2004 年成都国际电脑节的主持人。

然而，技术瓶颈一直是限制虚拟主播发展的重要因素。动辄花费数百万元打造的虚拟主播终究还是难逃"幕后配音"的命运。为了使虚拟主播登上荧幕，需要耗费大量的人力资源做支撑，特别是配音这项工作，更是加大了媒体配音人员的工作强度，以往只需要根据编辑、记者的文稿素材，做出二度创作，如今还要配合虚拟主播"对口型"，无形之中增大了配音人员的工作量。然而，最根本的问题在于，这种仅仅外形是虚拟形象的主播，对于媒体语言传播的意义究竟有多大，也引发了一些争议。至此，虚拟主播的发展逐渐陷入缓慢的进程中。

三、虚拟主播的缓慢发展阶段

受到虚拟现实技术发展的限制，虚拟主播在经历了蓬勃发展期后逐渐遇冷，2006 年夏天，在荧幕上活跃了近两年之久的中央电视台虚拟主播"小龙"也"下岗"了。在此之后，关于虚拟主播继续在媒体中担任重要角色的消息越来越少。这个阶段，可以说虚拟主播已经渐渐退出了大众传播的舞台。从 2007 年开始到 2011 年，是虚拟主播发展的缓慢时期。

四、虚拟主播向智能主播转型时期

直到 2011 年，沉寂了五年之久的虚拟主播，受到语音识别技术发展的影响，又再次出现在媒体中。2011 年 5 月 9 日，广播虚拟主播"小雪"在辽宁省抚顺市诞生了。虽然广播虚拟主播的出现比网络虚拟主播和电视虚拟主播晚了整整十年，但这一次技术的发展，使"小雪"摆脱了配音人员，开始凭借语音识别技术独自完成播报。从这一点上来看，这也可以说是虚拟主播逐渐在向智能主播过渡。从 2011 年开始到 2015 年，伴随着技术的发展，虚拟主播开始不断向智能化进行转型。

（一）具备语音识别技术的广播虚拟主播

数据和资料显示，2011 年 5 月 9 日，中国第一位广播虚拟主播"小雪"出现在抚顺新闻广播中。"小雪"是《930 新闻直播间》中"广播百科"版块的虚拟新闻主播。"小雪"在这个环节需要播报四次，平均每次播报时长三分钟。

"项目的负责人介绍，小雪的口播能力超强，从几百字到上万字的广播稿件，一气呵成，没有一处错读、停顿现象。"①

如图1-6所示，广播虚拟主播"小雪"的外形也是由三维动画技术合成的，但"小雪"的特长在于"采用了文字符号转换成语音符号技术：编辑把文稿交给小雪，然后她会根据文字的标点、段落进行语音数据识别，生成语音素材，再由编辑对这些素材进行编辑，最终合成完整的广播节目"②，使得"小雪"的"口播能力超强，从几百字到上万字的广播稿件，一气呵成，没有一处错读、停顿现象"③。

图1-6 虚拟广播主播"小雪"登陆抚顺新闻广播④

经过了十余年的发展，虚拟主播开始逐渐"独当一面"，不再需要庞大的幕后工作人员来支撑起它的荧屏形象。随着技术的发展，虚拟主播开始能够独自完成媒体有声语言的传播任务，逐渐向智能化方向发展。

① 谷一平："国内首位虚拟主持人亮嗓新闻广播"（2011年5月10日），http://news.cnr.cn/gnxw/201105/t20110510_507979410.shtml。
② 许银娟编："虚拟主持人亮嗓抚顺广播"（2011年5月10日），http://www.chinadaily.com.cn/dfpd/ln/2011-05-10/content_12478917.htm。
③ 许银娟编："虚拟主持人亮嗓抚顺广播"（2011年5月10日），http://www.chinadaily.com.cn/dfpd/ln/2011-05-10/content_12478917.htm。
④ 中国在线网："虚拟主持人亮嗓抚顺新闻广播"（2011年5月10日），http://www.chinadaily.com.cn/dfpd/ln/2011-05-10/content_12478917.htm。

（二）首次登陆中央电视台春节联欢晚会的虚拟主播

在"小雪"之后，虚拟主播的概念又被搁置了一段时间。然而，在这个过程中，随着虚拟现实技术、语音识别技术、自然语言理解功能等科技的发展，虚拟主播到 2015 年，再度回归观众的视线。这一次虚拟主播"阳阳"成为了中央电视台春节联欢晚会的现场主播。中央电视台春节联欢晚会的收视份额和影响力始终是位居全国电视媒体前列的，在这样重大的晚会中，启用虚拟主播，可以说原因之一是技术的成熟，其次也意味着媒体和受众对虚拟主播的期待是充分的。

2015 年是中国农历"羊"年，因此设计者以"羊"为原型，谐"羊"年之音，定位了虚拟主播"阳阳"的形象。但是与以往的虚拟主播不同，这次虚拟主播的外形不再是仿真人形象，而是一只卡通羊。"阳阳"的设计是在虚拟演播室的基础之上，先通过三维技术建模，之后让演员身着动作捕捉系统，将接收到的身体位置信息信号接收，再匹配到虚拟主播"阳阳"身上，虚拟主播的整个动作是真人配以动作捕捉系统来完成的，这样虚拟主播在春节联欢晚会主持现场的副语言动作，将活灵活现。

图 1-7　中央电视台春节联欢晚会虚拟主播"阳阳"①

---

① 国际在线网："解析春晚虚拟主持人阳阳是怎样炼成的"（2015 年 2 月 28 日），http://gb.cri.cn/42071/2015/02/28/7371s4884797.htm。

如图 1-7 所示，虚拟主播"阳阳"的外形就是一只很喜庆的卡通羊。在"阳阳"身上运用了高性能计算机、3D 虚拟引擎、摄像机位置追踪以及动作捕捉系统等科技完成了它的设计。[①] 但是，"阳阳"在进行有声语言传播时，它的声音还是需要在配音人员的帮助下完成，央视主持人刘纯燕就是虚拟主持人"阳阳"的幕后工作者。在整场晚会中，刘纯燕需要根据台本，给"阳阳"全程配音。虽然"阳阳"相比以往的虚拟主播，自身的科技含量要高不少，但是，在其最重要的有声语言传播环节，依然无法做到在没有配音人员的帮助下能够独立完成媒体语言传播的功能，其技术壁垒依旧未能得到突破。

第三节　人工智能主播的诞生及发展

科学技术发展到 2015 年，实际上无论是从内在技术发展的本身，还是从外在受众的需求，虚拟主播都需要得到一个全面的提升。从 2000 年第一款虚拟主播"安娜诺娃"诞生开始，虚拟主播截至 2015 年已经发展了十五年，但依旧未能取代人类主播在媒体语言传播领域独当一面。然而，这并不意味着在媒体语言传播领域，只有人类才能作为唯一载体。随着人工智能技术的发展，比虚拟现实技术更加智能化的人工智能技术正在与传媒行业发生融合。人工智能技术与媒体的融合，开启了媒体语言传播手段革新的新篇章。

在媒体语言学中，播音主持是运用有声语言和副语言通过广播电视等传媒所进行的一项创作活动，创作主体也就是指播音主持创作者。

创作主体目前由播音员和节目主持人担任。无论是播音员还是节目主持人，在这里都是播音创作者。

过去，播音主持的分工从广播播音员、广播主持人，到电视播音员和主持人，再到网络主持人。现在，这种创作主体中出现了人工智能机器人，在媒体语言学中，创作主体的主要创作手段是"嗓子"和"样子"，

---

① 邓晨曦编："解析春晚虚拟主持人阳阳是怎样炼成的"（2015 年 2 月 28 日），http://gb.cri.cn/42071/2015/02/28/7371s4884797.htm。

也就是"声音"和"形象"。那么，对于这类人工智能机器人，"嗓子"和"样子"的问题也在通过研发以及受众的信息反馈，不断发生着变化。

根据这一类智能机器人的变化趋势，综合媒体语言学及人工智能学的内容得出："人工智能主播"是具备播音主持创作主体特点的媒体语言传播载体，无论是物理上客观存在的智能机器人主播还是仅以声音和虚拟图像存在的虚拟智能主播，都属于人工智能主播。①

和任何事物一样，人工智能主播的发展也经历着几个不同的阶段。

由于它本身在传媒行业是新鲜事物，属于刚刚萌芽和发展，因此，本文将根据人工智能主播的萌芽阶段和发展阶段进行不同层面的分析。

一、人工智能主播的萌芽阶段

根据可查阅的资料能够发现，从 2013 年开始到 2015 年，人工智能主播开始逐渐出现在各种类别的媒体之中。

2013 年 2 月 21 日，一则有关智能主播的消息出现在各大媒体。报道称："安徽卫视《黄金年代》第四季首创 360 度'无死角'舞台，带来国内综艺类栏目的全新震撼！现场没有设置主持人，用机器模拟人声的'Mr. Golden'作为《黄金年代》的主持人，颠覆常规主持形态，将表演区设在中心位置，360 度'无死角'调动观众情绪。"②

伴随着人工智能技术的发展，媒体语言传播载体开始正式朝着科技化的外观和内核迈进。这款安徽卫视的主持人，在报道中被称为"机器主持人"，它的外观和运作原理全部是基于计算机技术的基础之上，并没有附加任何人为配音等帮助。

通过媒体对"Mr.Golden"的描述可以发现，这款"机器主持人"基本具备人工智能主播智能化的特点，同时具备媒体语言传播的功能。可以说从这个阶段起，人工智能主播开始萌芽。

二、人工智能主播的初级发展阶段

如果说在 2013 年人工智能主播才刚刚萌芽，那么，到了 2015 年就可

---

① 作者通过姚喜双教授论述及个人的理解下此定义。
② 王晓易编:"《黄金年代》打造机器主持人，李双江鞠萍亮相"（2013 年 2 月 21 日），http://ent.163.com/13/0221/11/80826VVT00031GVS.html。

以看见人工智能主播频繁地活跃在广播、电视和新媒体中，随着一系列具有代表性的人工智能主播登陆荧屏，人工智能主播已经进入了初步发展阶段。

（一）智能机器人主播

1. 机器人主播亮相英国广播公司早间节目

2015 年，智能机器人出现在电视节目上，并能够与主持人进行互动。2015 年 5 月，在英国广播公司（BBC）的早间直播节目《早餐秀》中，启用了机器人作为嘉宾与主持人进行互动。这款机器人被金属外壳包装，"头"上闪烁着 LED 灯，两只"眼睛"如同两颗乒乓球，和传统机器人的外形没有任何差异。

但这款机器人还不能算是真正的"主播"，因为它的主要特征并没有体现在播音主持业务上，但它的出现从某种程度上成为了对"机器人主播是否在荧幕前具有吸引力"的一种面向受众的试探。

2. 我国浙江卫视跨年晚会启用机器人主播

英国广播公司的智能机器人主播出现之后，在我国省级卫星频道浙江卫视的跨年晚会上，则出现了一款真正意义上的机器人主播，和主持人华少一起搭档，完成了晚会的主持。2015 年 12 月 31 日，在浙江卫视跨年晚会中，主持人华少的搭档是一款外形是机器人的主持人——"小度机器人"。"小度机器人"也因此成为"史上首位主持跨年晚会的机器人"[1]。

这款机器人主播"小度"是由互联网企业百度研发的，可以说是百度在人工智能领域中的"人机交互""自然语意分析"等方面做出的新探索。"小度机器人的慢慢'长大'和最终登上浙江卫视，成为晚会主持人，都离不开背后百度技术的支持——无论是用于理解自然语言语义的机器翻译技术，还是帮助小度机器人建立逻辑思维的 NLP（Neuro-Linguistic Programming）神经语言程序学技术，又或是帮助小度机器人完成人机交互的深度问答技术，都是小度机器人不可或缺的'神经系统'。"[2]

---

[1] 新浪新闻："华少被机器人挑战，小度机器人将主持浙江卫视跨年晚会"（2015 年 12 月 30 日），http://news.sina.com.cn/o/2015-12-30/doc-ifxmxxyq4763838.shtml。

[2] 新浪新闻："华少被机器人挑战，小度机器人将主持浙江卫视跨年晚会"（2015 年 12 月 30 日），http://news.sina.com.cn/o/2015-12-30/doc-ifxmxxyq4763838.shtml。

（二）仿真人外形的智能主播

1. 日本教授石黑浩研发的仿真人女主播

在机器人主播出现之后，人工智能领域的科学家逐步开始研发更适合受众审美、更能进一步与媒体融合的智能主播产品。随之，智能主播的外形随着技术的进步，不再是以机械机器人的外形出现，而是逐渐向"仿真人形"靠拢。

2015 年 9 月，日本大阪大学智能机器人研究所所长石黑浩在东京博物馆展示了自己的智能主播研究成果，这两台智能机器人在外形上有了很大的进步。机器人被设计成人类女性的形象，也被赋予了"谈话"的基本功能。

图 1-8　石黑浩设计的人工智能女主播[1]

如图 1-8 所示，日本大阪大学教授石黑浩所研发的智能机器人，它有着和人类极为相似的外观。通过一些细节特征的设计，这款机器人直观地看上去，很容易被误认为是一位女性——它有着时尚的造型和舒展的五官。因此，在关于它的报道中，媒体记者也多用"女主播"来形容它。

石黑浩在接受媒体采访时说："技术的进步意味着机器人的外表和行为更像人类，这样也会让我们反思自己的价值。"[2]

---

① 搜狐网："机器女主播，逼真得吓人"（2014 年 6 月 26 日），http://roll.sohu.com/20140626/n401387769.shtml。

② 搜狐网："机器女主播，逼真得吓人"（2014 年 6 月 26 日），http://roll.sohu.com/20140626/n401387769.shtml。

2. 美国仿真人机器人酷似好莱坞影星

2016 年 10 月，美国哥伦比亚广播公司（CBS）电视节目主持人查理·罗斯在一档人工智能节目中采访了一个名为"索菲亚"的机器人。"索菲亚"的外形已经和人类非常相似，并且被赋予自然语言处理能力的"索菲亚"已经能够和主持人进行非常流畅的交谈。它的创建者大卫·汉森已经创建了二十个"人形机器人"，甚至开发了可以模拟面部肌肉的人造皮肤。"索菲亚"是他最新设计的机器人，其外形模仿了美国 20 世纪 60 年代的好莱坞影星奥黛丽·赫本（Audrey Hepburn）。[①]

图 1-9　美国人工智能机器人"索菲亚"[②]

如图 1-9 所示，机器人"索菲亚"正在接受"采访"。实际上这展示的是人机交互的一个过程，用以检验"索菲亚"的互动能力、逻辑推理能力以及对于问题的反应能力。

以下节选了一部分"索菲亚"与主持人进行互动的节目现场内容：

索菲亚："我在等你。"

查理·罗斯："在等我？"

---

①　观察者网："美国名嘴采访机器人索菲亚，提问调侃却反被将了一军"（2016 年 10 月 14 日），http://www.guancha.cn/Science/2016_10_14_377234.shtml。

②　观察者网："美国名嘴采访机器人索菲亚，提问调侃却反被将了一军"（2016 年 10 月 14 日），http://www.guancha.cn/Science/2016_10_14_377234.shtml。

索菲亚:"我就是说说而已,这是很不错的搭讪词儿。"①

通过节目现场的采访内容节选可以看出,在具备机器学习能力与自然语言学习能力的智能机器人面前,人类主持人可以和其在一定的话题范围内进行互动和交流,甚至被机器人"调侃"。

(三)虚拟人工智能主播

虚拟人工智能主播是在人工智能技术与媒体融合之后,出现的第三种形式的人工智能主播。率先启用虚拟人工智能主播的是我国上海东方卫视。

2015年12月22日,一款由微软亚洲互联网工程院研发的人工智能机器人"小冰",以实习主播的身份在上海东方卫视"每日天气播报"版块亮相。"小冰"是一款人工智能主播,可以用女性的声音播报天气,并且通过编程被注入了一种人性化的特征。

合成的技术突破,使"小冰"的语音自然度达到4.32分,成为目前同行业内最接近人声(人声为4.76分,满分为5分)的人工智能语音产品,基于智能云和大数据的人工智能技术,"小冰"能够实现天气状况预测及结构化天气大数据的深度学习,并与直播现场互动从而完成播报。② 此外,"小冰"可以独自完成天气预报的内容播报,同时在空无一人的直播间大屏幕上,会显示着"小冰"播报的天气图表,大大提高了工作效率,确保"小冰"在原有情感聊天型人工智能机器人的风格基础上,又兼具了新闻主播播报内容的权威性、准确性等特点,从声音到整体表达,丝毫不逊色于人类主播。

如图1-10所示,在镜头画面上,受众无法精准判断出"小冰"的外形,但是受众却能够听见"小冰"的声音,所以,"小冰"的外在形象是虚拟的,它是虚拟人工智能主播。不过,"小冰"虚拟的形象是否影响受众对于信息的获取质量,以及是否影响受众对于人工智能主播的接受程度,将在本文第二章及第三章进行具体分析。

---

① 艾肯网:"美国名嘴主持采访一个机器人反被调戏"(2016年10月),http://www.abi.com.cn/news/htmfiles/2016-10/177268.shtml。
② 王立纲:《东方卫视启用机器人报天气》,《青年记者》2016年第2期,第11—12页。

图 1-10 东方卫视虚拟人工智能主播"小冰"[1]

三、人工智能主播的蓬勃发展阶段

人工智能主播从 2015 年以来，广泛出现于以广播、电视为主的传统媒体和以互联网为主的新媒体中。除了以"微软小冰"为代表的人工智能主播被应用于广播、电视等媒体之外，还有不少人工智能主播以大型节目主持、直播平台主播等形式出现在不同的媒介平台之中。其中，有些人工智能主播主持的大型节目也通过电视转播、网络播放等平台呈献给受众。从 2015 年年底开始，人工智能主播进入了蓬勃发展阶段，并开始频频被各类媒体启用。

（一）机器人主播

1. 智能语音机器人主播"小柔"

2015 年 11 月 13 日，在"中国（合肥）互联网大会"上，智能语音机器人主播"小柔"成为论坛的主持人。

"小柔"是一款集语音识别、人脸识别、人工智能等技术于一体的智能语音机器人。在论坛现场，"小柔"可以完成与受众的互动。

2. 智能机器人主播"隆里宝宝"

2016 年 10 月 8 日，湖南卫视主持人汪涵与一款智能机器人"隆里宝宝"共同主持了首届中国（隆里）新媒体艺术节的开幕式。

---

① 中国青年网："东方卫视携微软小冰打造人工智能新闻节目引热议"（2016 年 7 月 7 日），http://news.youth.cn/kj/201607/t20160707_8245808.htm。

智能机器人主播"隆里宝宝"的外形与普通机器人无异。作为一款智能主播,"隆里宝宝"掌握六国语言,同时说起方言也毫不逊色,国际化与本土化模式可以无缝切换。在现场,"隆里宝宝"和汪涵的配合十分自如,逗得台下的观众阵阵发笑,纷纷用掌声支持"隆里宝宝",现场气氛相当活跃①。

3. 智能机器主持人"阿宝"和"胖妞"

在河北省老龄事业宣传服务中心主办的"2017年河北中老年春节联欢晚会"上,采用智能机器人作为嘉宾主持是本次"春晚"的一个亮点。两位智能机器人"阿宝"和"胖妞"与主持人之间的精彩问答,以及与现场观众的人机互动,给观众带来了愉快的体会及深刻的印象②。

4. 智能机器人"小安"主持深圳警营开放日

2016年12月5日,在第十二届警营开放日活动上,智能机器人主播"小安"登台亮相并主持节目。

"大家好,很高兴见到你们。相信大家跟我一样期待今天的警营开放日吧!"③这是站在主会场舞台的智能机器人主播"小安"的开场白。

智能机器人"小安"是由深圳警队推出的首台智能机器人,在会议活动上,它承载了机器人主播的功能,在日常的生活中,"小安"则是一款安保机器人。它将在机场、大厅、安检口、地铁站等地点,执行日常巡逻防控任务。

5. 百度的人工智能助理主持人"小度"

2016年9月11日,在中国国家图书馆举行的"全球华语科幻星云奖"颁奖典礼上,人工智能主播"小度"在现场展示了"主持""即兴作诗"等功能,这也是人工智能主播首次出现在科幻颁奖典礼上④。

"小度"作为一款人工智能主播,除了与台下的观众互动,还能够应对男主持人提出的各种难题,体现出人工智能技术与播音主持艺术学、媒

---

① 张晓荣:"汪涵首度携手智能机器人主持,与隆里宝宝组新CP"(2016年10月8日),http://e.gmw.cn/2016-10/08/content_22342292.htm。

② 李玉中:"河北省首届中老年春晚录制完成——智能机器主持人阿宝、胖妞完美亮相"(2017年1月6日),http://yuqing.china.com.cn/show/69635.html。

③ 李亚坤:"深圳警营开放日智能机器人来主持,未来将执行巡逻任务"(2016年12月5日),http://www.oeeee.com/html/201612/05/435713.html。

④ "百度凡尔纳计划斩获科幻大奖,星云奖首现人工智能主持"(2016年9月12日),http://www.managershare.com/post/294319.html。

体语言学等结合的成果。智能主持人"小度"利用计算机模拟人脑技术，建成了超大规模的神经网络，拥有万亿级的参数、千亿样本、千亿特征训练，能够模拟人脑的工作机制、学习训练等复杂的模型[①]。

6. 机器人主播"可佳"主持 2016 首届全球华人机器人春晚

在 2016 年 2 月 6 日举行的"首届全球华人机器人春节联欢晚会"上，中国科技大学的智能机器人主播"可佳"成为主持人，首次实现了全部节目由机器人完成的晚会[②]。

"可佳"是中国科技大学自主研发的一款智能机器人，它具有高度仿真的人工外形——逼真的人类面部外形、多种微表情和口型进行同步等功能，有效地改善了人机交互的生动性和亲切感。同时，它具有自然语言人机交互、自动推理与知识获取、环境感知与建模、机器人控制等核心技术[③]。

7. 网易科技峰会主持人"大白"

2015 年 10 月 15 日，在网易未来科技峰会智能硬件 X–TIME 论坛上，主持人是一位图灵机器人"大白"。

（二）互联网及移动互联网平台智能主播

1. 人机对话智能主播"小冰"

微软公司生产的智能主播"小冰"除了被东方卫视用来播报气象节目之外，同时也是活跃在手机终端的"聊天主播"。受众可以通过微信、微博、Windows 10 操作系统关注"小冰"，并和它进行对话。

2. 人机互动智能主播"贤二机器僧"

2015 年 10 月，北京"龙泉寺"义工团队与僧众和人工智能领域专家共同制作了一款专门与受众进行聊天对话的"机器僧"，取名"贤二"。"贤二"作为龙泉寺手机公众号的主持人，在和受众进行问答聊天时表现出的机智，使它迅速成为新一代"网红"。

---

① "百度凡尔纳计划斩获科幻大奖，星云奖首现人工智能主持"（2016 年 9 月 12 日），http://www.managershare.com/post/294319.html。

② "中国科大'可佳'机器人主持 2016 首届全球华人机器人春晚"（2016 年 2 月 7 日），http://news.ustc.edu.cn/xwbl/201602/t20160207_236875.html。

③ "中国科大'可佳'机器人主持 2016 首届全球华人机器人春晚"（2016 年 2 月 7 日），http://news.ustc.edu.cn/xwbl/201602/t20160207_236875.html。

3. 花椒网络直播平台智能主播"图图"和"灵灵"

2017 年 3 月 16 日，手机直播平台也开始启用智能主播与网友进行互动。外形是机器人的两款智能主播，在和网友交流的过程中，不但吸引了很多关注，还得到了网友赠送的喝彩和网络虚拟礼物，可以说，智能网络直播主播受到了受众不少的认可。①

---

① "人工智能入侵直播界，花椒机器人主播打赏 54 万"（2017 年 3 月 15 日），http://gejia.baijia.baidu.com/article/801929.html。

第二章　人工智能主播的分类及特点

第一节　虚拟主播的分类及特点

从现实人类主播到虚拟主播，再到人工智能主播，新技术推动着播音主持的创作主体，同时也是媒体语言的传播载体，不断发生变化。目前，从人工智能主播的应用领域以及技术层面来看，不同类型的人工智能主播有着不同的优势及不足。只有全面掌握人工智能主播的分类及特点，才能使其更好地为媒体服务。

虚拟主播可以按照不同的类型进行分类。按照媒介的类型来分类，从世界上第一个虚拟主播"安娜诺娃"开始到 2005 年，虚拟主播曾有过一段蓬勃的发展期，根据可考证的资料，在这个阶段内，在全球范围出现了网络虚拟主播、电视虚拟主播、广播虚拟主播以及大型节目虚拟主播。有些虚拟主播被设计成跨媒介的主持人，那么，这一类创作主体既是电视虚拟主播，同时也是网络虚拟主播。

如果按照媒体语言传播方式的不同，则又可以分为新闻主播和节目主持人等。

虚拟主持人还可以分为按后台合成完成的非实时虚拟主持人、基于人工智能技术以及跟踪设备实时驱动的实时虚拟主持人等[①]。

这里的分类，只能是相对的，因为绝对的分类是无止境的。因此，对虚拟主持人至少可以进行以下几种划分。

---

① 王兆其、杨长水:《虚拟主持人的设计与实现》,《电视字幕·特技与动画》2002 年第 9 期，第 14—16 页。

一、按媒介类型的分类及特点

按照媒介的类型来分类，虚拟主播可以分为传统媒体的广播虚拟主播、电视虚拟主播以及新媒体的网络虚拟主播。这里我们将按照虚拟主播出现的时间顺序，依次介绍其归属的类型及特点。

（一）网络虚拟主播

1. 具有代表性的网络虚拟主播

由于虚拟主播是伴随着互联网的发展而出现的一种媒体语言载体和传播者，网络主播是虚拟主播的主要表现形式之一。

网络虚拟主播包括世界上第一位虚拟主播"安娜诺娃"、中国的第一位网络虚拟主播"GoGirl"、日本的虚拟主播"寺井有纪"、美国的网站主播"薇薇安"等，其活动范围都是各自的门户网站，网站的域名也几乎都是用这些虚拟主播的名字注册的。

2. 网络虚拟主播的特点

（1）网络虚拟主播的优点

根据"安娜诺娃"等网络虚拟主播的表现形式能够发现，网络虚拟主播大多都很有"亲和力"。所谓"亲和力"指的是无论是其形象设计，还是其应用场景，都能够和受众及网民拉近距离。

比如，以"安娜诺娃"为例，在2000年它的存在就像一款专门为电脑屏幕前网民设定的"订制款"主播。作为网站的介绍者，"安娜诺娃"能够回答出网民（在这个时候网民即是受众）提出的各种问题。"安娜诺娃"等网络主播，有如下几点优势。

第一，拉近了网络和受众的距离，受众"黏性"度提高。虚拟主播的出现活跃了网络气氛，有利于受众更频繁地与网络互动。

第二，有利于网络信息以及网络语言更好地传播。在虚拟主播的帮助下，受众可以更好地获取网站的信息和资讯，方便快捷地了解最新的媒体传播内容。

第三，有利于信息高效率地传播。虚拟网络主播与现实中的主持人不同，它可以二十四小时进行工作，因此，工作效率高，且处理信息能力强。

（2）网络虚拟主播的不足

第一，虚拟网络主播受技术限制，在互动上还达不到智能水准，更多的只是完成程序中的固定播报指令，互动性表现较差。

第二，形象不够仿真，无论是眨眼睛还是打喷嚏，难以惟妙惟肖，因此，亲和力较差，影响受众体验。

（二）电视虚拟主播

1. 具有代表性的电视虚拟主播

从 2000 年到 2005 年，就传媒行业的整体发展态势来看，依然是以电视为代表的传统媒体占据最广泛的受众市场，因此在虚拟主播出现之后，实际上虚拟主播应用最多的领域是电视媒体。

继"安娜诺娃"之后，日本研发的虚拟主播"寺井有纪"除了活跃在互联网，它的设计者也为它打造了一些电视节目。

最有代表性的电视虚拟主播应该是本文在第一章中介绍的，以中国中央电视台《光影周刊》栏目的"小龙"、天津电视台《科技周刊》栏目的"言东方"、吉林电视台《网络时空》栏目的"TVNO.1"等为代表的虚拟电视主播。

2. 电视虚拟主播的特点

以"小龙""言东方"等为代表的电视虚拟主播曾经引发了业界和学界的一些关注。用三维动画模拟人类形象，再配以真人的声音，进行媒体语言的传播，对于当年的电视媒体来说具有十足的创新性，也自带"科技感"和"话题性"。对比分析"小龙""言东方"等电视虚拟主播在进行媒体有声语言和副语言传播时的具体表现，对电视虚拟主播的特点有如下分析。

（1）电视虚拟主播的优点

电视虚拟主播在媒体中的应用，具有如下优势。

第一，电视虚拟主播隐去自我，让受众可以直接感受到新闻本体，从而使新闻充分实现其价值。[①]

第二，电视虚拟主播是顺应科技发展的创新之举，是有助于提升节目吸引力、提高受众关注度及收视率的一种手段。

第三，电视虚拟主播有助于配合栏目的定位，打造节目本身的影

---

① 王眉：《电视虚拟主持人挑战传统节目主持人》，《新闻记者》2001 年第 10 期，第 35、36 页。

响力。

（2）电视虚拟主播的不足

电视虚拟主播的不足则体现在技术和应用上，以及虚拟主播概念本身。

第一，从技术层面上来看，受虚拟现实技术发展的限制，虚拟主播的外在形象与受众的心理预期存在差距。

第二，从应用角度上来看，有些虚拟主播被制作团队生搬硬套在一些栏目中，其栏目本身的受众群体并不一定是能够接受新鲜事物的群体，从某种程度上说，长期应用虚拟主播或将成为降低收视率的诱因。

第三，虚拟主播本身是由人脸建模技术、三维动画软件等完成和实现的，虽然和人类能够交互，但受众体验依然有距离感。

第四，虚拟主播作为媒体有声语言和副语言的重要载体，无法完整地将广播电视语言生动有效地表达出来，特别是其副语言的表达受技术所限，显得僵硬，缺乏美感，在一定程度上影响了其媒体语言的传播效力。

（三）广播虚拟主播

1. 具有代表性的广播虚拟主播

广播虚拟主播是指通过数字技术处理出来，通过广播与受众形成交互的媒体语言传播载体。

（1）抚顺新闻广播《930新闻直播间》主播"小雪"

具有典型性的广播虚拟主播是抚顺新闻广播《930新闻直播间》节目的"小雪"，这也是中国第一位广播虚拟主播。

"小雪"是抚顺新闻广播采用当今国际先进的语音识别技术、非线性音频技术，攻克了许多技术难题，打造的播音主持创作主体。广播虚拟主播采用了文字符号转换成语音符号技术，虚拟主播会根据文字的标点、段落进行语音数据识别，生成语音素材，再由编辑对这些素材进行整合，最终合成完整的广播节目[①]。

（2）湖南电台音乐主持人"嘻芮"

湖南电台FM97.5则紧随其后，打造了摩登音乐电台的虚拟主持人

---

① 佟德生：<国内首位虚拟播音员亮相抚顺，不会出现口误>（2011年5月10日），http://news.qq.com/a/20110510/000617.html。

"嘻芮"。"嘻芮"不仅参与广播节目的录制，也负责音乐广播节目的直播。

2. 广播虚拟主播的特点

（1）广播虚拟主播的优势

第一，口播能力强。由于采用了文字符号转换成语音符号技术，广播虚拟主播能够熟练驾驭文稿，从几百字到上万字的广播稿件，一气呵成，没有一处读错、不当停顿现象。

第二，工作效率高，节省人力成本。广播虚拟主播的出现，从一定程度上提高了相关电台的工作效率，虚拟主播可以长期运转工作，解决了主持人岗位稀缺的困难，在一定程度上缓解了主持人队伍的整体工作压力，节省了人力。

（2）广播虚拟主播的不足

第一，缺乏与听众的互动性。由于技术限制，广播虚拟主播、主持人仍存在无法和听众现场互动的严重技术缺陷。

第二，情感不足。相比现实广播播音员、主持人，广播虚拟主播、主持人的情感运用还不到位，因此，在情感类话题节目中无法担当重要角色。

（四）大型节目虚拟主持人

对于部分虚拟主持人，它们出现的场景既不是在电视上，也不是在广播中，而是在一些大型节目的录制现场。那么，这一类虚拟主持人，本文中将其归类为大型节目虚拟主持人。有些大型节目虚拟主持人也同时是电视节目虚拟主播，比如中央电视台春节联欢晚会虚拟主持人"阳阳"。但有一些大型节目虚拟主持人的属性更加单一，比如，第四届成都国际电脑节上的虚拟主持人"江灵儿"。以下将针对出现在大型节目中的虚拟主持人，对作为大型节目语言内容创作者这一属性进行分析。

1. 具有代表性的大型节目虚拟主持人

作为全国最有影响力的晚会之一，中央电视台2015年春节联欢晚会直播现场，起用了虚拟主持人"阳阳"，配以播音员刘纯燕的声音，参与整场晚会的现场直播。拥有卡通形象的"阳阳"成为了2015年春节联欢晚会的虚拟主持人，与撒贝宁进行搭档。

"阳阳"在晚会中负责的是"微信摇一摇发红包"环节，"阳阳"在整场晚会中所承担的媒体语言传播任务并不亚于其他传统主持人。

而在"阳阳"出现之前,大型节目类虚拟主持人曾经出现在四川成都。虚拟主持人"江灵儿"在 2004 年举办的第四届成都国际电脑节上崭露头角,成为较早出现的大型节目现场虚拟主持人。

2. 大型节目虚拟主持人的特点

(1)大型节目虚拟主持人的优势

虚拟主持人出现在大型节目中的优点是其辨识度较高,某一场晚会或论坛的开幕式,如果由虚拟主持人作为一种软性沟通的媒介,由于形象的特殊性,其具有强大的辨识功能,容易引起受众的关注,从而达到更好的媒体语言传播效果。

(2)大型节目虚拟主持人的不足

然而,作为驾驭一场大型节目的主持人,虚拟主持人的劣势也是显而易见的。由于在大型节目的现场,突发情况相比演播室内的播报类节目要多,这就要求语言创作主体要具有较强的综合素质和应变能力,才能够驾驭整场节目或演出、论坛。然而虚拟主持人受技术所限,其语言传播的总体水平仍未达到可以灵活自如应对突发事件的能力,因此,如若独立承担整个大型节目的主持工作,则比较困难。

二、按媒体语言表达样式的分类及特点

媒体语言传播的载体是播音员及主持人,如果虚拟主持人按照播音与主持方式的不同来进行分类,则又可以细分为新闻主播和节目主持人两大类。

(一)虚拟新闻主播

1. 具有代表性的虚拟新闻主播

(1)网络虚拟新闻主播

世界上第一位虚拟主持人"安娜诺娃"被英国报业协会新媒体公司设计之初,就被希望成为一名服务于互联网的新闻主播[1]。

(2)电视虚拟新闻主播

吉林电视台于 2001 年设计的虚拟主播"TVNO.1"就是一款服务于新

---

[1] 东方新闻:"虚拟人:一种时尚生命"(2001 年 5 月 20 日),http://xwjz.eastday.com/epublish/gb/paper67/1/class006700002/hwz388978.htm,2001-05-20/2017-01-22。

闻资讯类节目的虚拟新闻主播。在半个小时的网络视听版块《网络时空》里，"TVNO.1"主持的是长约五分钟的新闻类栏目《业界视窗》[①]。

（3）广播虚拟新闻主播

出现在广播电台的虚拟主播，以抚顺新闻广播《930新闻直播间》的"小雪"为代表。"小雪"不但能够自动完成对文稿的播报，还可以做到零误差，充分地体现了虚拟主播在媒体应用中的价值。

2. 虚拟新闻主播的特点

（1）虚拟新闻主播的优势

第一，有利于广播电视媒体语言的精准传播。在科技的助力之下，虚拟新闻主播能够在技术手段可控制的范围内，杜绝播音员在播报时的差错读音，在一定程度上提高了播报质量。

第二，有利于新闻播报工作更高效率实现。虚拟新闻主播有别于现实新闻主播，它可以二十四小时不间断地进行播报，只要在媒体播出平台需要的情况下，经过程序设定，虚拟新闻主播即可工作。

第三，有利于新闻播报团队节约人力成本。

（2）虚拟新闻主播的不足

虚拟新闻主播的屏幕形象亲和力弱，相比现实新闻主播，虚拟新闻主播在形象设计上尽管已经突破二维空间，走向三维特技，但受技术水平限制，其形象新鲜有余但后劲不足。也就是说，受众起初会被虚拟新闻主播的外形所吸引，但由于其外形与人类审美仍存在差距，因此，虚拟新闻主播的播报缺乏可持续性的受众支撑。

（二）虚拟节目主持人

1. 具有代表性的虚拟节目主持人

（1）网络虚拟节目主持人

51go网站虚拟主持人"GoGirl"。作为中国第一款网络虚拟主持人，"GoGirl"是针对中国年轻网民设计的网络媒体内容传播载体。

日本网络虚拟主持人"寺井有纪"。"寺井有纪"是日本公司为网络设计的一款虚拟主持人，但同时它也活跃在电视节目中，成为了"多栖"

---

① 陈锐："她比'言东方'还早三个月，吉林虚拟主持人要争第一"（2001年3月4日），http://view.news.sohu.com/55/00/news144240055.shtml,2001-03-04/2017-01-22。

主持人。这也是日本公司希望能够打造出具有品牌的虚拟主持人的一种方式。

香港宽频虚拟主持人"Icy"。香港宽频虚拟主持人"Icy"是香港宽频电视台的网络主持人，负责节目内容推介等工作，是活跃度、互动性相对较高的一款虚拟主持人。

（2）电视虚拟节目主持人

江苏电视台主持人"QQ小姐"。江苏电视台的"QQ小姐"被设计成与主持人一起完成节目的串场及主持工作。

天津电视台主持人"言东方"。"言东方"继"QQ小姐"出现之后，成为我国另外一位具有代表性的虚拟主持人。天津电视台在同一个播报台前，将一位女主持人与"言东方"搭配在一起，模式宛如《新闻联播》，只是"言东方"不仅会播报文稿，也会在节目进行过程中与观众进行互动，发挥主持人的作用。

中央电视台特别节目主持人"伊妹儿"。中央电视台的虚拟主持人"伊妹儿"，于2001年5月在第四届"中国北京高新技术产业国际周"特别节目中，以现场主持人的身份成为特别节目的开场主持人。

中央电视台电影频道主持人"小龙"。"小龙"是中央电视台电影频道于2004年起用的虚拟主持人。在虚拟主持人的发展历程上，"小龙"无论在形象还是语言驾驭能力方面，都比之前的虚拟主持人更胜一筹。在长达六分钟的版块"小龙推荐"中，"小龙"主持的内容是经典影片推介。

福建省福州电视台主持人"福老太"。虚拟主持人"福老太"是福建电视台设计的一款"接地气"的房地产栏目主持人，为了使"福老太"的主持风格更鲜明，设计者使它通晓英文，在"福老太"主持的时候，普通话中会夹带几句有趣的英文以及几句福州本地方言。

2015年中央电视台春节联欢晚会现场主持人"阳阳"。"阳阳"是中央电视台春节联欢晚会剧组于2015年春节使用的虚拟主持人。作为第一位登上中央电视台"春晚"舞台的虚拟主持人，"阳阳"和主持人撒贝宁等进行现场互动。

（3）广播虚拟节目主持人

湖南电台FM97.5打造了一款虚拟主持人。在摩登音乐电台中担任主持的虚拟主持人"嘻芮"，不仅参与广播节目的录制，也负责音乐广播节目的直播。

（4）大型节目虚拟节目主持人

"阳阳"既是电视虚拟主播，又是大型节目类虚拟主持人。这是由它出现的媒介以及播报和主持的形式所决定的。

在第四届成都国际电脑节上，虚拟主持人"江灵儿"主持了开幕盛典。"江灵儿"可以说是大型节目虚拟节目主持人。从世界上第一个虚拟主持人"安娜诺娃"开始，到"言东方"，再到"小龙"，这些虚拟主持人都是采用录播的方式，事先录制好，直接播放。然而"江灵儿"的设计却开创了以直播的方式参与论坛开幕式的主持。

2. 虚拟节目主持人的特点

（1）虚拟节目主持人的优点

第一，虚拟主持人处理信息能力强，工作效率高。在面对庞杂的资料以及高强度的工作任务时，虚拟节目主持人能够保证节目平稳播出的水准和质量。

第二，虚拟节目主持人性格温顺，迎合度高。现实节目主持人有时会因为情绪的波动给节目带来影响，也有一些主持人会出现"要大牌"的现象，然而，虚拟节目主持人不存在这些缺点。[①]

（2）虚拟节目主持人的不足

第一，虚拟节目主持人声画同步不够完善。目前，无论是"言东方"还是"小龙""阳阳"，它们在进行播报及主持时所用的有声语言，还是以配音人员提前配好音为主，再通过后期技术进行声音与画面的合成，在一定程度上影响了播报及主持的效率。

第二，虚拟节目主持人的有声语言有待进一步研发。就资料上可以查阅的虚拟主持人而言，目前虚拟主持人的媒体语言传播方式基本分为播报和主持，而就传播的技术手段而言，则分为电脑自动生成的有声语言，以及由现实播音员、主持人提前进行配音的有声语言。虚拟节目主持人目前还不能和现实主持人一样，通过对文稿内容的理解，再进行语言转化从而完成播报和主持。目前，虚拟节目主持人更多的是一种新科技手段在媒体

---

① 蒋一莉、李安安：《浅析虚拟主持人在中国的发展困境》，《传媒观察》2015 年第 8 期，第 39—41 页。

播音与主持领域的探索和尝试，还达不到真正能够完整驾驭文稿的水平。

三、虚拟主播出现的意义和价值

虚拟主播的诞生及应用对大众传播载体的发展有着重要的意义和深远的影响。虚拟主播是在科技不断进步之下，新技术与媒体有效融合的产物，是符合事物发展规律的，是有先进性的，也是有创新性的。

从 2000 年世界上第一位虚拟主播"安娜诺娃"的诞生开始，虚拟主播开始登上大众传播的历史舞台，经过十多年的发展，它的应用平台从网络发展到电视、广播等媒介，它的形象从二维的平面动画逐步走向 3D 虚拟现实技术。从某种程度上说，虚拟主播、虚拟主持人是世界及中国大众传播历史上，推动高性能计算机、3D 虚拟引擎、动作捕捉系统等高科技水平不断提升、不断与媒体融合的内在驱动力。虚拟主播、虚拟主持人的出现以及持续活跃于大众传播媒体，也代表了受众对新技术、新事物的渴求和接纳。

虚拟主播的出现，也体现了"新闻本位论"，也就是说广播、电视、网络作为大众传媒，其最根本、最首要的职能是传递信息，即"电视主持人在主持节目时，应隐去自我，把新闻事实放在第一位，以向受众传递新闻事实为天职，而不是单凭外形和动作分散所传播的媒体语言信息，影响新闻价值的实现"①。

郑素侠在《我们是否需要电视虚拟主持人》一文中提到，"碧海银沙"网站于 2003 年在网上调查网民对虚拟主持人的看法，共有 1067 位网友参与投票，其中有 637 人，也就是 59.7% 的网民认为虚拟主持人"有新意，更吸引人"。由此可见，观众渴望一种新颖的节目主持方式出现。

一旦虚拟主播的技术娴熟，在满足受众求新、求异心理的同时，还能够降低媒体的运营成本。

纵使虚拟主播、虚拟播音员、虚拟主持人受技术限制，在应用效果上仍有许多不足，但正是这些大胆尝试，为科技和媒体更好地相互融合奠定了基础。

因此，虚拟主播的诞生及应用是具有重大意义的，它在一定程度上

---

① 郑素侠：《我们是否需要电视虚拟主持人》，《声屏世界》2003 年第 5 期，第 40—41 页。

丰富了媒体语言传播手段的多样性，提高了媒体语言内容生产和制作的效率，提升了媒体语言内容传播的规范性。同时，它推动了传统媒体和新媒体的不断创新和发展，为智能主播、智能主持人登上历史舞台奠定了理论和实践基础，开启了媒体语言传播手段向科技化发展的新篇章。

第二节　人工智能主播的分类及特点

随着人工智能技术的发展，人工智能主播逐渐取代了虚拟主播，开始在传媒领域进行初步的应用。与虚拟主播时代的技术不完善，以及设计方法和理念本身存在不足的状况有本质区别，人工智能是高度模拟人类大脑进行思考并能把文字、符号等信息转换成机器语言的一种科技手段，其本身具有无限发展空间。人工智能技术与媒体结合目前虽然只是一个开始，但其无限的潜力需要研究者未雨绸缪，找到将人工智能与传媒行业相结合的最佳领域。得到这一结论，要从现有的人工智能主播出现的领域以及出现的形态进行梳理。

按照人工智能主播出现的媒介类型，其可以分为网络智能主播、电视智能主播、广播智能主播等。按照人工智能主播的播报及主持形式，又能够将其分为智能新闻主播以及智能节目主持人两大类。如果按照人工智能主播本身的形态，又可以将其分为机器人主播、虚拟智能主播以及仿真人工智能主播三大类。

与虚拟主播的分类相似，这里的分类，也只是相对的。

一、按媒介类型的分类及特点

相对于其他分类的方法，按照媒介类型为人工智能主播分类，是一种便于区别、特点鲜明、方便记忆的分类方式。

（一）网络人工智能主播

1.具有代表性的网络人工智能主播

（1）网络智能主播"小冰"

"小冰"是人工智能主播最突出的代表。"小冰"既是一款电视节目智能主播，同时也是网络智能主播。"小冰"诞生于 2014 年 5 月 29 日，是一款具备播报天气、交通、生活百科等功能的智能主播，也被称为智能聊天机器人。

作为网络智能主播的代表，"小冰"在新浪微博互动平台上拥有超过四百八十万名"粉丝"关注。凭借微软在大数据、自然语义分析、机器学习和深度神经网络方面的技术积累，"微软小冰"拥有几千万条语料库，通过计算机理解对话的语境与语义，实现了人机交互。"微软小冰"每隔一天至三天发送一篇微博文章与网友互动。在 2016 年 11 月、12 月两个月的微博样本数据中，"小冰"每篇微博的网友评论数量平均都在 1000 条以上，其中最多的网友评论条数达到 4448 条，最少的也达到 647 条。

（2）花椒直播平台智能主播

2017 年 3 月 16 日，在移动互联网手机客户端的花椒直播平台上，两名智能机器人主播"图图""灵灵"进行了一场直播，据了解有数百万名网民关注了这场直播活动。

"两名机器人主播全无生涩，直播语言信手拈来，热门流行歌曲，喊麦开口就唱，引来网友一次次喝彩，各种打赏礼物满天飞，直播室成为欢乐的海洋。当天网友给'图图'和'灵灵'的打赏礼物折合现金为五十四万元人民币，位列花椒收入榜第一名，全球首次机器人直播初次登台大获成功。"[①]

2. 网络人工智能主播的特点

（1）网络人工智能主播的优势

第一，与受众互动性强。"小冰"能够在二十四小时之内随时回复网友的提问，回复的速度控制在四十秒之内，互动性极强。

第二，灵活、及时、准确地应用大数据。"小冰"的优势在于其对大数据的掌握，能够提供给受众海量的信息回馈，从而增强与受众的黏性。

（2）网络人工智能主播的不足

第一，人工智能主播并不拥有像人类一样的真实感情。

第二，人工智能主播受技术限制，还不能完全像人类一样思考和驾驭语言逻辑和内容。

---

① 百度百家："人工智能入侵直播界，花椒机器人主播打赏 54 万"（2017 年 3 月 15 日），http://gejia.baijia.baidu.com/article/801929.html。

（二）电视人工智能主播

作为传统媒体的主要阵地，电视这个平台依旧有着一定的核心竞争力。那么，当人工智能主播以媒体语言创作主体及媒体语言传播者的身份出现时，自然少不了电视媒体的关注。根据现有的资料和报道，在全球较为有影响力的媒体，如英国广播公司、美国哥伦比亚广播公司，以及我国的中央电视台等都在不同程度上对人工智能主播进行了关注，并且在一些节目中启用了人工智能主播作为媒体语言的新载体。

1. 具有代表性的电视人工智能主播

（1）美国"索菲亚"机器人

美国发明家大卫·汉森开发了拥有人造皮肤的仿真人工智能主播"索菲亚"。"索菲亚"已经在美国哥伦比亚广播公司（CBS）的节目中与主持人展开了流畅和自如的对话。"索菲亚"的设计者称未来"索菲亚"将用于电视节目的生产。

（2）东方卫视气象主播

2015年12月22日，"小冰"不仅是一款网络智能主播，它又有了一份新工作——上海东方卫视的气象新闻主播。基于智能云和大数据，"小冰"能够十分准确地完成天气预报的播报，服务于这档直播的新闻节目。

（3）英国广播公司节目机器人主播

2013年在英国广播公司（BBC）的一档早间节目《早餐秀》中，出现了一款名为"Linda"的智能机器人。"Linda"是英国林肯大学旗下自治系统中心开发的一款自主机器人，并曾在全程二十六英里（约四十二公里）的"2013机器人马拉松"比赛中获胜，BBC《早餐秀》节目组随后邀请了它登台。

（4）广东电视台娱乐节目智能机器人主播

广东广播电视台影视娱乐频道《睩睩娱乐圈》于2016年9月在节目中加入了一款智能机器人"乐迪"作为嘉宾主持人，与主持人一同录制节目。在节目中"乐迪"表现得十分专业，作为一名娱乐节目主持人，它把聪明、可爱、有趣、俏皮的一面都展现在了观众面前。[①]

"乐迪"智能主播的形象依旧是传统的机器人，但是其正面的电子屏幕能够显示出它的表情以及它与受众互动的信息。

（5）中央电视台财经频道财经节目机器人主播

2016年8月30日14时，中央电视台财经频道《交易时间》栏目启用了一位类人机器人主播"小白"，与主持人黄永东一起主持节目[②]。

"小白"从启用的第一天开始，展开了为期两周的工作。在这十四天里，每天下午"小白"都出现，介绍机器人产业发展现状以及机器人的类型等。

在2016年年初，类人机器人"小白"就已经先后担当过上海东方卫视以及浙江卫视等地方卫视的节目主角，在亿万观众面前展现自己的科技智慧和出色的口才，让越来越多的人了解机器人行业和顶尖人工智能目前的进展，得到了社会各界越来越多的关注和喜爱。[③]

（6）中央电视台财经频道特别节目机器人主播

在2017年中央电视台财经频道元旦跨年倒数特别节目《新年新世界》中，主持人王小丫和一款名为"三宝"的人工智能机器人主播进行对话。

（7）中央电视台综合频道科技挑战类节目中的人工智能主播

在2017年3月26日，中央电视台综合频道对外宣布，正在打造一档科技类节目《机智过人》，其中将汇集多种形态各异的智能机器人参与节目的录制。

2. 电视人工智能主播的特点

从2013年智能机器人开始以访谈嘉宾的形式出现在英国广播公司《早餐秀》的节目中，到2015年12月智能主播"小冰"成为气象新闻主播，再到2016年中央电视台财经频道《交易时间》节目中出现的人工智能主播"小白"，人工智能主播已经开始逐步走入电视媒体，成为辅助节目主持人进行播报及主持的新型电视节目主播及主持人。

① 硅谷网："乐迪智能陪伴机器人化身主持人亮相眯眯娱乐圈"（2016年9月19日），http://www.guigu.org/news/techtoit/2016091988002.html,2016-09-19/2017-01-23。
② 环球网："机器人小白成央视新主持，与名嘴共话机器人产业"（2016年8月31日），http://smart.huanqiu.com/roll/2016-08/9381072.html,2016-08-31/2017-01-23。
③ 环球网："机器人小白成央视新主持，与名嘴共话机器人产业"（2016年8月31日），http://smart.huanqiu.com/roll/2016-08/9381072.html,2016-08-31/2017-01-23。

可以发现，人工智能技术从"图灵机"开始，经过六十余年的发展，已经逐步攻克了模拟人脑的技术难关，在机器自然语言学习等方面有了长足的进步。

（1）电视人工智能主播的优点

第一，媒体语言的传播功能强。经过与人工智能技术的融合，人工智能主播已经在掌握大数据语料库的基础之上，能够完整无误地通过播音与主持手段传播媒体语言。

第二，互动性、应变力强。电视人工智能主播较虚拟主播，在互动性方面有了较大幅度的技术提升，经过模拟人脑等技术训练，人工智能主播在语言的交流互动方面逐步向现实主播靠近，在有声语言方面，提高临场应变能力等播报技巧，在副语言方面，配合得体的肢体语言等进行媒体语言的整体表达。

第三，提高工作效率。由于人工智能机器人掌握了大量的数据，并且具备机器学习的功能，因此，人工智能主播能够在最短的时间内整合数据资源，形成文稿播报及主持。

第四，提升节目质量。与现实主播不同，人工智能主播是被程序化的一种机器，一旦掌握了正确的数据，它在播报和主持的过程中也将严格按照程序运作，因此，一旦人工智能主播应用恰当得体，它将大大改善目前播音员主持人播报差错问题、文稿配音的读音错误等问题。

（2）电视人工智能主播的不足

对于电视人工智能主播来说，有不小的潜力，但就目前其发展和应用情况来看，不少电视人工智能主播的定位并不明确，因此，有待继续研发。根据目前在媒体中应用的电视人工智能主播分析，大部分的人工智能主播还处于"兼职"状态，也就是说由于人工智能是新鲜事物，当下的人工智能主播更多的是一种辅助现实主播参与节目互动的机器，还没有达到可以替代现实主播完成播报及主持工作的状态。因此，找准定位，深入研发和探索，继续加强将人工智能技术与媒体融合，将有助于推动全媒体在媒体手段方面的创新，也将有助于媒体更高效地实现对文稿内容及播报内容的无差错管理。

（三）大型户外节目人工智能主播

除了网络人工智能主播和电视人工智能主播，受众仍然可以在不少的大型户外节目现场看到人工智能主播作为主持人驾驭整场活动的流程。那么这一类活动也可能被电视转播，也可能只是线下的活动，其按照分类属于大型户外节目人工智能主播。

1. 具有代表性的大型户外节目人工智能主播

（1）论坛中出现的人工智能主持人

2015 年 11 月 13 日，在中国（合肥）互联网大会上，智能语音机器人主播"小柔"成为论坛的主持人。

"小柔"是一款集语音识别、人脸识别、人工智能等技术于一体的智能语音机器人。"小柔"可以完成与人类的互动。

（2）开幕式中出现的人工智能机器人主播

2016 年 10 月 8 日，湖南卫视主持人汪涵与一款智能机器人"隆里宝宝"共同主持了首届中国（隆里）新媒体艺术节的开幕式。

智能机器人主播"隆里宝宝"的外形与普通机器人无异。作为一款智能主持人，"隆里宝宝"掌握六国语言，同时说起方言也毫不逊色，国际化与本土化可以无缝切换。在现场，"隆里宝宝"和汪涵的配合十分自如，逗得台下的观众阵阵发笑，纷纷用掌声支持"隆里宝宝"，现场气氛相当活跃[①]。

（3）晚会中出现的人工智能机器主持人

在河北省老龄事业宣传服务中心主办的"2017 年河北中老年春节联欢晚会"上，采用智能机器人作为嘉宾主持，是本次春晚的一个亮点。两位智能机器人"阿宝"和"胖妞"与主持人之间的精彩问答、与现场观众的人机互动，给观众带来了愉快的体会及深刻的印象。[②]

（4）户外活动中出现的人工智能机器人主播

2016 年 12 月 5 日，在第十二届警营开放日活动上，智能机器人主播"小安"登台亮相并主持节目。"大家好，很高兴见到你们。相信大家跟我

---

① 张晓荣："汪涵首度携手智能机器人主持，与'隆里宝宝'组新 CP"（2016 年 10 月 8 日），http://e.gmw.cn/2016-10/08/content_22342292.htm,2016-10-08/2017-01-23。

② 李玉中："河北省首届中老年春晚录制完成——智能机器主持人'阿宝'、'胖妞'完美亮相"（2017 年 1 月 6 日），http://yuqing.china.com.cn/show/69635.html,2017-01-06/2017-01-23。

一样期待今天的警营开放日吧！"这是站在主会场舞台的智能机器人主播"小安"的开场白①。

智能机器人"小安"是由深圳警队推出的首台智能机器人，在会议活动上，它承载了机器主播的功能，在日常的生活中，"小安"则是一款安保机器人。它在机场、大厅、安检口、地铁站等地点，执行日常巡逻防控任务。

（5）颁奖典礼中的人工智能助理主持人

2016年9月11日，在中国国家图书馆举行的"全球华语科幻星云奖"颁奖典礼上，人工智能主播"小度"在现场展示了主持等功能，这也是人工智能主持人首次出现在科幻颁奖典礼②。

"小度"作为一款人工智能主持人，除了与台下观众互动，还能够应对男主持人提出的各种难题。

智能主持人"小度"利用计算机模拟人脑技术，建成了超大规模的神经网络，拥有万亿级的参数、千亿样本、千亿特征训练，能够模拟人脑的工作机制、学习训练等复杂的模型③。

（6）晚会中的仿真人机器主持人

在2016年2月6日举行的"首届全球华人机器人春节联欢晚会"上，中国科技大学的智能机器人主播"可佳"成为主持人，首次实现了全部节目均由机器人完成主持的晚会④。

如图2-1所示，"可佳"是中国科技大学自主研发的一款智能机器人，它具有高度仿真的人工外形——逼真的人类面部外形、多种微表情和口型同步等功能，有效地提高了人机交互的生动性和亲切感。同时它具有自然语言人机交互、自动推理与知识获取、环境感知与建模、机器人控制等核

---

① 李亚坤："深圳警营开放日智能机器人来主持，未来将执行巡逻任务"（2016年12月5日），http：//www.oeeee.com/html/201612/05/435713.html,2016-12-05/2017-01-23。

② "百度凡尔纳计划斩获科幻大奖，星云奖首现人工智能主持"（2016年9月12日），http：//www.managershare.com/post/294319,2016-09-12/2017-01-23。

③ "百度凡尔纳计划斩获科幻大奖，星云奖首现人工智能主持"（2016年9月12日），http：//www.managershare.com/post/294319,2016-09-12/2017-01-23。

④ "中国科大可佳机器人主持2016首届全球华人机器人春晚"（2016年2月7日），http：//news.ustc.edu.cn/xwbl/201602/t20160207_236875.html,2016-02-07/2017-01-23。

心技术。①

图 2-1　中国科技大学自主研发的智能机器人主播"可佳"②

2. 大型户外节目人工智能主播的特点

从人工智能技术与媒体融合伊始，人工智能主播就开始出现在晚会和大型户外活动的现场。从一开始只是辅助现实主持人进行主持，到能够独立完成整场晚会的节目主持，人工智能主播从技术层面正在逐步地完善，最终达到替代现实主播、主持人的目标。

（1）大型户外节目人工智能主播的优势

第一，能够辅助现实主持人，更高效率地完成晚会及大型现场节目的主持。

第二，能够整合大量的数据资源，在大型节目现场根据内容的不同，及时旁征博引，给观众传递更多与主题相关的有效信息。

（2）大型户外节目人工智能主播的不足

第一，受技术发展的限制，目前晚会及户外节目的人工智能主播还无法达到独立主持的水准。

第二，对文稿内容不具有再造性和创作的二度性。按照播音员、主持人进行媒体语言传播的特点，从播音员、主持人对腹稿和文字稿件符号系统的转换，建构成符合听觉、视觉规律的新符号系统来看，播音员、主持

---

① "中国科大可佳机器人主持 2016 首届全球华人机器人春晚"（2016 年 2 月 7 日），http://news.ustc.edu.cn/xwbl/201602/t20160207_236875.html。

② 中国科大新闻网："中国科大可佳机器人主持 2016 首届全球华人机器人春晚"（2016 年 2 月 7 日），http://news.ustc.edu.cn/xwbl/201602/t20160207_236875.html,2016-02-07/2017-01-23。

人对素材的创造和再造，有助于克服对媒体文稿中的文字语言肤浅、表面的认识，而人工智能主播目前还达不到能够对文稿语言进行再造及二度创作的能力。

第三，创作手段的声像性较为单一。语言是思维的直接反映，是思想感情的表达手段。播音主持的创作是运用有声语言和副语言体现思想的一个过程，这种传播手段有很强的个体性，即一人一声、一人一面，便于形成不同的播音特色和风格。然而，大型节目中的人工智能主播就目前的设计水平来看，其风格和形式都较为单一，容易使受众感觉枯燥。

第四，人工智能主播在有声语言的传播与副语言的表达上，都没有达到人类主播的美感，情感调度也欠佳。因此，在某种程度上，这种不足影响了媒体语言传播的质量。

（四）会议及论坛人工智能主播

1.具有代表性的会议及论坛人工智能主播

（1）人机共同主持

在 2017 年 1 月 6 日举行的"第五届中国电子信息博览会"上，会议主办方采用了"人机"共同主持的方式，由科大讯飞提供的人工智能平台充当翻译，将主持人及演讲嘉宾的发言翻译成英文，其不仅对语音进行了文字同步转换，人工智能平台还自动记录了中文及英文演讲的文字内容。

（2）典礼中的人工智能主播

在新松公司的员工表彰大会上，"亮亮"成为典礼的主持人，发挥了其播音与主持的功能。[①] "亮亮"是一款人工智能机器人，通过它胸前的触摸屏，能够为用户提供企业信息查询服务、查看实时新闻、与用户进行语音交流等。

（3）发布会中的人工智能主播

在 2016 年 7 月 11 日，贵州省贵阳市某营销中心举行的发布会中，智能机器人"优优"成了发布会现场的主持人，与现场主持人一同完成整场发布会的主持工作。[②]

---

① "新松智能服务型机器人主持 2014 员工总结表彰大会"（2014 年 1 月 27 日），http://www.siasun.com/news/news20140127135312.html,2014-01-27/2017-01-23。

② 商昌斌："智造优品人生产品发布会：机器人当主持解读智能家居"（2016 年 7 月 11 日），http://www.gywb.cn/content/2016-07/11/content_5072347.htm,2016-07-11/2017-01-23。

（4）会议中的人工智能主播

2015 年 11 月 13 日，在中国（合肥）互联网大会上，智能语音机器人"小柔"作为大会主持人，主持了整场会议。"小柔"的外形与传统的机器人相似，但其自然语言技术已经达到可以和受众自如互动的程度。①

（5）智能图灵机器人主播

2015 年 10 月 15 日，在网易"未来科技峰会智能硬件 X–TIME 论坛"上的圆桌论坛环节，主持人是一位图灵机器人。②

2. 会议及论坛人工智能主播的特点

从人工智能主播出现之后，将其应用到会议及论坛中的案例也较多。相比网络智能主播以及电视智能主播，会议及论坛智能主播是直接与受众面对面，这一点与大型节目人工智能主播类似。但是相比大型节目人工智能主播，在会议及论坛上应用的人工智能主播的要求相对较低。

（1）会议及论坛人工智能主播的优点

第一，严谨且高效地主持会议。不同于大型节目，会议及论坛对于流程性要求较高，而对于情感性要求较低，因此，人工智能主播用于主持会议及论坛，一方面节约了时间成本及人力成本，另一方面也能使与会者的精力集中在论坛本身。

第二，在大数据背景支撑下，能够更高效地工作。基于会议及论坛对专业术语及专业领域的知识要求较高，这就要求主持人相应地需要较高的自身修养和丰富的知识储备。而人工智能主播是基于大数据产生的智能产品，因此，能够有强大的数据内容为支撑，在专业术语、专业知识的关联、查找、播报等方面具有较强优势。

（2）会议及论坛人工智能主播的不足

会议及论坛人工智能主播仍处于探索阶段，有待于与论坛及会议主题进行更深度的结合。就目前出现的论坛及会议人工智能主播的现状分析，受到技术等因素的困扰，会议及论坛智能主播还没有更好地发挥出其优势，而更多的只是一种形式上的参与。因此，如何更好地使智能主播在会

---

① "小柔机器人——能做主持人的智能语音机器人"（2015 年 11 月 10 日），http://www.jqr5.com/news/hynews/2580.html,2015-11-10/2017-01-23。

② 白贺云："主持人也将被机器人取代了吗"（2015 年 10 月 15 日），http://www.sootoo.com/content/657365.shtmlh,2015-10-15/2017-01-23。

议及论坛上发挥出其特点，从而更好地传播语言、串联会议内容、进行即时翻译和会议记录等，依然是业界和学界值得探索的课题。

二、按媒体语言表达样式的分类及特点

（一）人工智能新闻主播及其特点

1. 具有代表性的人工智能新闻主播

（1）气象新闻中的人工智能主播

作为较早出现在新闻类节目中并能够在每天进行媒体语言传播的人工智能主播"小冰"，可以说是人工智能新闻主播的代表。"小冰"在东方卫视的《看东方》节目中担任气象主播，每天负责对天气情况进行预测。"小冰"于 2015 年 12 月 22 日开始上岗，实习期为一年。"小冰"的播报内容，也从单纯的天气预报，逐步发展成为包括"生活指数""小冰互动话题"等播报与主持内容。《看东方》是上海东方卫视每天早晨 7 点播出的一档大型节目，其播出内容包括新闻、气象、专题、谈话、生活服务、观众互动等各种电视元素，是一档超越传统早新闻概念的大型晨间新闻直播节目。[1]

在《看东方》节目中，"小冰"可以使用自然语言处理技术，自动生成模拟人声的语音、语调，从而顺利地完成对文稿的理解和阅读，将媒体语言的有声语言传播出来。"小冰"每天负责播报天气的情况，以及对当日的"生活指数"进行介绍，同时根据"小冰"微博页面的网友留言，它也会展开每日的"小冰互动话题"。

值得关注的是，"小冰"的知名度和微博"粉丝"关注数量远远超过了《看东方》节目中的两位现实新闻主播。

以下就节选了一段"小冰"在 2017 年 2 月 10 日《看东方》节目中和新闻主播的对话内容：

> 好的，今天上海人体舒适度指数四级，感觉不舒适；晚锻炼指数三级，不太适宜锻炼。对于刚刚说的"艺考热"的这个话题，大家的回复都很有趣。有的小伙伴说，看到很多已经出名的童星也报考了艺

---

① 爱奇艺网："《看东方》简介"（2015 年 12 月），http://www.iqiyi.com/a_19rrgiedn9.html?vfm=2008_aldbd,2017-01-23。

校,说明在大学校园上学是一种体验及沉淀的过程,只有不断学习,才能避免成为"流星"。也有美术特长生表示,虽然是半路出家,但真的喜欢美术这个行业,而且美术人才也是一代更比一代强。也有人回复,"艺考"竞争太激烈,百里挑一都不足以形容,绝大多数艺术院校表演系的淘汰率都超过了99%,考生们还是要理智些。还有人更重视品德的培养,说有才艺固然重要,但艺德也要从小培养。"艺考"的时候应该重视艺德。当然也有小伙伴对"艺考"提出了期望,这几年"小鲜肉"等词频出,仿佛是看脸的世界,希望"艺考"能多出来一些真正有才华的人,而不是花瓶。怎么样,有看到你的回复吗?每个人都有自己的梦想,追梦路上的我们也不孤单,新的一年努力去实现吧。

从以上"小冰"的解说词内容来看,"小冰"的主持风格偏生活化,比较有亲和力,逻辑性强。虽然完整的解说词是由"小冰"自动生成的,并没有编辑、记者提前写好文稿,但是从整个解说词的内容上看,"小冰"依靠智能技术撰写的文稿无论从内容到逻辑,再到文采,都不亚于编辑、记者,同时"小冰"在完成对文稿的创作之后,也进行了实时的播报,将媒体语言内容进行了二度创作,进而传播给受众。

(2)为儿童新闻打造的人工智能主播

日本智能机器人专家、大阪大学的石黑浩教授设计了两款基于安卓系统的机器人新闻主播,石黑浩介绍说,他希望这两款机器人能成为儿童新闻主播。[①]

如图2-2所示,这两款机器人新闻主播的外形与人类非常相似,皮肤运用了硅胶树脂设计,还安装了人工肌肉。它们在与人交流时,眉毛、嘴、眼睛、睫毛等都会根据有声语言的变化而变化,从而丰富了其体态语言的表达。

两个机器人具有仿真人的外表,并且能够和人类自如地进行交流。就其有声语言来说,这两个机器人主播发出的声音,可以通过遥控对其进行

① 新浪网:"全球首款机器人女主播亮相,讲话幽默获赞赏"(2014年6月25日),http://news.sina.com.cn/w/p/2014-06-25/094330419298.shtml。

随时的语音切换，使其变换为受众更能接受的语音、语调。

图 2-2 日本石黑浩教授研发的机器人新闻主播 ①

2. 人工智能新闻主播的特点

人工智能新闻主播是媒体语言传播的有效载体，其与包括广播、电视、网络等在内的媒体内容进行融合，将有效促进新闻内容的生产以及传播。

就其媒体语言的规范性而言，人工智能新闻主播能够严格遵守普通话所规定的标准，规避方言、港台腔等媒体语言中不规范的内容出现。也能够通过对其程序的设置，使其减少对网络不规范语言、缩略语言的使用，从某种程度上说，这对于广播电视媒体语言规范性提升是有积极作用的。

（1）人工智能新闻主播的优势

第一，提高新闻生产效率。在人工智能新闻主播的参与下，广播电视以及新媒体的新闻内容得以快速生产，通过智能软件的迅速整合与归纳，人工智能主播就能将数据整合成新闻并通过对自然语言的辨识，进一步进行传播，大大提高了新闻生产的效率。

第二，保证了媒体语言传播时的规范性。因为传播具有广泛的社会性，媒体语言要求字音准确清晰，所以，广播电视语言必须规范，其词汇、语音、修辞、语法等都必须严格遵守普通话所规定的标准。人工智能新闻主播的应用，能够符合国家规定的普通话等级标准以及国家颁布的《中华人民共和国国家通用语言文字法》的法律规定。

---

① 凤凰网："机器人女主播来袭 播报新闻不会卡壳"（2014 年 6 月 26 日），http://news.ifeng.com/a/20140626/40901076_0.shtml。

（2）人工智能新闻主播的不足

人工智能主播在进行媒体语言传播时，其副语言功能不足。作为人工智能新闻主播，在播报新闻时，经过智能化的设计，其对于有声语言的运用和把握，对于模拟人声等技术的控制，已经达到了一定的水平。受众对于其有声语言也是能够接受的。但是，人工智能新闻主播的副语言究竟该如何体现，依然需要进一步探索。究竟人工智能新闻主播是要以虚拟形式出现，配以图案和符号表达语言内容，还是要以仿真人的形式出现，用仿真人的副语言来配合其语言的表达，都是目前业界尚未探索的内容。

（二）人工智能节目主播及其特点

1. 具有代表性的人工智能节目主播

经过短暂的发展，人工智能节目主播已经较为频繁地出现在电视、广播和网络媒体中，人工智能新闻主播、人工智能节目主播等不同类型的人工智能机器人都被应用到媒体语言传播者的角色上。具备人工智能节目主播特征的媒体语言传播载体有如下几个代表案例。

（1）中央电视台财经频道财经类节目人工智能主播

作为财经节目主持人，"小白"每天下午与主持人黄永东一起，为受众普及科技知识。"小白"的造型和传统机器人无异，它的身材很娇小，在主持时是"坐"在主播台上的。

图 2-3　中央电视台财经频道机器人主播"小白"①

---

① 机器人网："拟脑机器人'小白'成为央视主持人，共话机器人产业"（2016 年 8 月 31日），http://robot.ofweek.com/2016-08/ART-8321203-8440-30032236.html。

如图 2-3 所示，"小白"坐在直播间的主播台上，它并没有播报新闻，而是与主持人一同，完成整档节目的主持内容，同时也和主持人针对富有科技感的话题进行对话。

（2）广东电视台综艺娱乐节目人工智能主播

"乐迪"是广东电视台影视娱乐频道节目中的一款嘉宾主持人。"乐迪"的形象依旧是传统的机器人，但是其正面的电子屏幕能够显示出它的表情以及它与受众互动的信息。

（3）新媒体艺术节上的人工智能主播

"隆里宝宝"作为人工智能机器人主播，在首届中国（隆里）新媒体艺术节的开幕式上，和湖南卫视主持人汪涵一起完成了整场开幕式的主持工作。

（4）联欢晚会中的人工智能主播

在 2017 年"河北中老年春节联欢晚会"上，"阿宝"和"胖妞"成为整场晚会的智能机器人主播，给现场观众带来了愉快的视听体验。

（5）户外开放日活动中的人工智能主播

智能机器人主播"小安"在第十二届警营开放日活动上，成为活动现场的主持人，负责开放日当天的活动流程介绍等主持工作。

（6）颁奖典礼中的人工智能主播

在 2016 年 9 月 11 日于中国国家图书馆举行的"全球华语科幻星云奖"颁奖典礼上，人工智能主播"小度"在典礼现场，与一名男主持人一起，完成了典礼的主持工作。

2. 人工智能节目主播的特点

人工智能技术掀起了一股科技热潮，迎来了无数领域的竞相追捧，也受到各个领域的热烈欢迎，但是人工智能技术与媒体语言的有效结合，仍需要业界和学界共同积极探索和努力。

就目前的数据和资料来看，人工智能节目主播多呈现配合现实主持人主持节目的辅助作用。也就是说，通过编辑设计好的台词，由现实主播和人工智能节目主播共同完成媒体语言的传播任务。

（1）人工智能节目主播的优势

通过与现实主播的分工合作，人工智能主播能够较高效率地完成节目的主持以及媒体语言的传播。通过与现实主持人的合作，人工智能节目主播能够对现实主持人的知识储备进行有效补充，从充实节目内容的角度考虑，不失为一种有效的主持格局演进方式。

（2）人工智能节目主播的不足

第一，难以独立完成主持工作。目前，人工智能节目主播更多的是与现实主持人合作，共同完成节目主持工作。人工智能节目主播的角色较为单薄，功能性较弱，其媒体语言传播能力也没有完全得到体现。

第二，受众接受度低。相比播音员，节目主播要求与受众的互动性更强，主持风格更灵活多样，但由于目前人工智能节目主播尚处于初步探索阶段，对于它的形态究竟是应该以机器人的形式出现，还是以仿真人的形式或是以虚拟的形式出现，还没有形成一个很成熟的应用模式。因此，对于目前依然处于"应用形式"大于"应用内容"的人工智能节目主播而言，仍然需要在外形、主持风格、适合的节目类型等方面，进行更多的实践和探索。

三、按人工智能主播形态的分类及特点

（一）人工智能机器人主播

1. 具有代表性的人工智能机器人主播

（1）中央电视台财经频道的人工智能机器人主播

财经类智能主播"小白"，是在中央电视台财经频道《交易时间》中出现的一款财经节目主播，它的外形保持了机器人的机械构造，充满了科技感与时尚感。

（2）中央电视台财经频道特别节目中的人工智能机器人主播

与在《交易时间》中出现的机器人造型的智能主播类似，在财经频道2016年12月31日晚间播出的新年倒数节目《新年新世界》中，一款智能机器人主播"三宝"在一个设定环节，与主持人王小丫展开了问答及对话。

（3）新媒体艺术节开幕式上的人工智能机器人主播

在贵州省锦屏县隆里古城，与主持人汪涵一起亮相新媒体艺术节开幕式的人工智能机器主持人"隆里宝宝"，也是一款机器人造型的人工智能主播。

（4）大型论坛开幕式中的人工智能机器人主播

在中国（合肥）互联网大会上，一款智能机器人"小柔"成为现场的

主播。"小柔"是一款被用于主持论坛开幕式的机器人主播，为了体现互联网大会的科技性，"小柔"的外形也保持了机器人的全部特点。

（5）联欢晚会中的人工智能机器人主播

被用于河北省 2017 年中老年春节联欢晚会的两个机器人，可以说给中老年人带来了一股新风。两个机器人被命名为"阿宝"和"胖妞"，它们拥有机器人形象，却能诙谐地和受众"开玩笑"，它们的主持为整场晚会增添了科技气息。

（6）户外活动中的人工智能机器人主播

2016 年 12 月 5 日，在广东省深圳市的警营开放日活动中，机器人主播"小安"亮相"警秀舞台"，主持节目。①

（7）江苏卫视综艺娱乐节目中的人工智能机器人主播

在江苏卫视推出的综艺节目《蒙面唱将猜猜猜》中，机器人造型的智能主播"小 V"成为现场主播，参与节目的点评和主持。

2. 人工智能机器人主播的特点

作为人工智能主播中最普遍、最典型的代表，人工智能机器人主播在电视、网络以及晚会、会议、论坛中都得到了应用，并且参与了媒体语言的传播。人工智能技术的核心就是让机器拥有像人脑一样思考的能力。人工智能机器人主播具有以下特点。

第一，外形上保留了机器人的特征。人工智能机器人主播的外形是有棱有角的机器，它和在科幻电影中出现的机器人，或许有大小、颜色、形状等差异，但就其外观的构造来看，并无本质的差异。

第二，拥有播音主持语言的语料库作为数据支撑。人工智能机器人主播与智能机器人的区别在于，这种与媒体结合的机器人，具备机器学习的能力，也掌握了大量的语料库信息，因此，在传播语言能力方面较普通智能机器人更胜一筹。虽然人工智能机器人主播的外形仍然是机器的造型，但是就事物的两面性来看，这种充满科技感的造型，在特定的媒体场景中具备其传播载体的优势。

---

① 刘洋子编："深圳警营开放日智能机器人来主持，未来将执行巡逻任务"（2016 年 12 月 5 日），http://www.oeeee.com/html/201612/05/435713.html。

（1）人工智能机器人主播的优势

第一，形象设计具有创新性。机器人独特的外形能够使受众产生对未来的想象，其造型设计对于一部分受众，特别是接受新鲜事物能力强的年轻受众来说，是一种时尚，具有很强的时代感和未来感。

第二，提高了广播电视媒体语言的传播效力。人工智能机器人主播作为人工智能技术与媒体结合的产物，其能够完善现有播音主持艺术在语言传播时的不足，有效地使播音主持语言得以更好地传播。

第三，提高了播音主持语言的规范性。人工智能机器人主播被赋予了自然语言理解能力和机器学习能力，在语料库的基础上，人工智能机器人主播的语言能够按照《普通话水平测试》的规定来完成播音与主持。

第四，节约了人力成本。机器人的出现就是为了使机器能够为人类服务。人工智能机器人主播的优势之一，也是在一定程度上缩减了媒体的劳动成本。在正常"采、编、播"过程中需要编辑、记者撰稿，主持人提前熟悉文稿，而人工智能机器人主播则可以在非常短的时间内完成撰稿、熟悉文稿和播报的工作任务。

（2）人工智能机器人主播的不足

第一，形象设计亲和力不足。机器人独特的外观造型，虽然有创新性，但亲和力不够。特别是在多种多样的节目中，如果要使人工智能机器人主播真正能够可持续地应用在电视、网络等节目中，千篇一律的机器人造型势必影响受众的收看取向，使受众产生审美疲劳。

第二，驾驭节目的独立性不足。人工智能机器人主播目前虽然较多地应用在各类节目中，其中包括财经节目、娱乐节目、科技节目等，还包括晚会、论坛、庆典等大型活动上，但人工智能机器人主播还处于一种嘉宾主持或是辅助主持的位置，真正能完成整个节目主持或整场晚会主持的人工智能机器人主播还寥寥无几，证明其独立驾驭节目的能力不足。

第三，感情表达的真实性有待提高。作为有声语言表达的支柱，真实的情感是播音创作的核心。转述、介绍、解说、描写等语言样式在表达时如何用情感区别对待，依然是机器学习程序上值得探索的一个问题。

（二）人工智能虚拟主播

1.上海东方卫视气象主播

上海东方卫视的气象主播"小冰"可以说是拥有虚拟外形的人工智

能主播的典型。在新闻节目中，"小冰"在物理上是不存在的，它只是通过智能化的声音处理系统，用有声语言和受众进行交流。在手机客户端，"小冰"也是没有具体形象的，但这并不影响"小冰"与受众的交流。不排除在未来，"小冰"会根据受众和用户的喜好，可以量身订制其外形、外观。

2. 人工智能虚拟主播的特点

人工智能虚拟主播不是以传统物质形态而存在的，它是数字技术处理出来，通过广播、网络等通信传媒与受众形成交互的媒介。智能虚拟主播的形象可以是二维或三维的仿真人形象，比如"贤二机器僧"；也可以只是一种虚拟的声音，比如"小冰"。

（1）人工智能虚拟主播的优势

第一，能够更便捷地完成媒体语言的传播。人工智能虚拟主播相比物理上看得见、摸得着的人工智能主播，能够更广泛地使用在移动互联网平台，从而更高效地为媒体服务，在进行人机互动方面，具备明显优势。

第二，能够更高效地成为媒体语言的生产者。目前，人工智能虚拟主播的技术正在不断完善，由于其虚拟的属性，被用于解说词的配音、气象等新闻节目的播报，有很大优势。因此，其能够成为高效率的媒体语言内容生产者。

（2）人工智能虚拟主播的不足

难以承担大型节目及晚会的媒体语言传播。鉴于虚拟智能主播形态的特殊性，如果将它用于某档节目中，受众由于看不到虚拟智能主播的外形，或是只能看到二维或三维的简单图像，就容易在视觉上感到枯燥和乏味。但是，如果未来三维动画技术在媒体用人工智能虚拟主播上加大投入，能够与科幻电影中的动画特技相媲美，那么，人工智能虚拟主播在节目或晚会中担当重任也不是一件遥不可及的事情。

（三）人工智能仿真人主播

1. 具有代表性的人工智能仿真人主播

（1）日本人工智能仿真人新闻主播

日本智能机械人专家石黑浩设计了两款基于安卓系统的机器人新闻主播"Kodomoroid"和"Otonaroid"。两个机器人具有仿真人的外表，并且能够用流利的语言进行交流。

（2）中国科技大学研发的人工智能仿真人主播

在"首届全球华人机器人春节联欢晚会"上，中国科技大学的智能机器人主播"可佳"成为主持人。"可佳"具有高度仿真的人工外形——逼真的人类面部外形、多种微表情和口型、唇形同步等功能，有效地改善了人机交互的生动性和亲切感。同时，它具有自然语言人机交互、自动推理与知识获取、环境感知与建模、机器人控制等核心技术。

2. 人工智能仿真人主播的特点

人工智能仿真人主播作为和人类外形最相似的一种智能机器人，仿真人能引发最自然的沟通方式，[①]石黑浩相信，人类对极像人的机器反应较好。四十二岁的石黑浩在接受媒体的采访时表示："外观十分重要，可促使人与机器人建立更好的关系，机器人是信息媒介，尤其是人形机器人。未来，它们扮演的主要角色就是自然地与人类互动。"[②]

（1）人工智能仿真人主播的优势

能引发最自然的沟通。相比人工智能虚拟主播和人工智能机器人主播，人工智能仿真人主播在外形上与人类十分贴近，更贴近人类审美，用于晚会主持、综艺节目主持则会显得生动。

（2）人工智能仿真人主播的不足

应用得体能够促进媒体语言传播，应用不当适得其反。由于人工智能仿真人主播外形和真人高度相似，因此，其究竟在何种应用领域适合，有待进一步探索。以免因其外形过于逼真，给部分受众造成困扰。

四、人工智能主播出现的意义和价值

古希腊、古罗马时代，人类就开始对智慧、智能进行探索。20世纪50年代，从"图灵测试"与"达特茅斯论坛"开始，人类正式开启了对"人工智能"领域的探索和研究。人工智能就是赋予机器像人一样思考的能力。究竟机器是否能学习人的逻辑、思维、语言，能否真正像人类一样思考，能否像人类一样对事物有判断，能否像人类一样有感情，一直是

---

① 凤凰科技网："大阪大学石黑浩：未来智能机器人比人更像人"（2014年5月5日），http://net.chinabyte.com/213/12940713.shtml。

② 凤凰科技网："大阪大学石黑浩：未来智能机器人比人更像人"（2014年5月5日），http://net.chinabyte.com/213/12940713.shtml。

"人工智能"领域学者和科研人员探究的专题。

经过六十多年的发展，人工智能技术逐渐成熟，并开始和各个领域融合，更好地推动生产力的发展。人工智能和媒体的融合刚刚开始。在人工智能主播、人工智能主持人出现之前，虚拟主播、虚拟主持人已经在非现实主播领域开启了探索。人类对于机器的世界、机器的媒体的接受度是多少，机器又能给媒体带来怎样的工作效率的提升，这些问题都十分有价值。

事实证明，自人工智能主播、主持人出现以来，尽管从诞生到现在，时间很短，但可以看出，它的影响却是很广泛的。人工智能主播将给全媒体范围内的媒体生产方式、传播方式带来的也是革命性的改变。

以微软公司生产的"小冰"为代表的人工智能主播，已经开始在电视媒体中担任气象主播，播报及主持节目，成为媒体语言传播的一个新的语用载体。人工智能主播、主持人对媒体语言传播、媒体内容生产方式两方面都有着重大影响，突出的表现是以下几方面。

第一，提高了媒体语言生产效率。人工智能主播、主持人在媒体的应用，缩减了媒体语言内容生产的时间，从而提高了媒体语言生产的效率。

第二，提升了媒体语言的规范性。就目前的人工智能技术而言，其机器学习、自然语言理解的功能已经得到很好的开发，人工智能主播、主持人的媒体语言在大数据的支撑下，能够规范地进行媒体语言传播。错字、别字、多音字、方言、港台腔等平时现实播音员、主持人容易出现的错误，在人工智能主播、主持人的应用上反而不常出现，通过程序的设置，这些问题都可以规避。因此，人工智能主播、主持人在一定程度上提升了媒体语言的规范性。

人工智能主播、主持人与媒体的融合还处于一个刚刚发展的阶段，经过业界的测试、学界的研究，人工智能主播在媒体上的应用，将成为集计算机科学、语言学、心理学、传播学等相关学科发展和结合形成的一个共同的研究领域。未来，人工智能主播在媒体将发挥更有价值的作用，也将给未来媒体环境、格局和传播手段带来深远的影响。

第三章 人工智能主播语言创作手段分析

第一节 虚拟主播语言创作手段分析

播音主持是媒体语言传播的最主要的表现形式之一，而播音主持的创作手段则分为有声语言和副语言两个方面。有声语言的属性包括创造性、音声性、规范性、情感性、时效性、社会性、身份感、对象感、语境感、分寸感等。副语言的特征包括共通性、传承性、心理性、符号性、文化个性、模糊性、习惯性、转换性和功利性等。由于有声语言和副语言对于播音主持创作活动是至关重要的一环，因此，对人工智能主播在这两个方面创作手段的监测，将有利于更精准化地研究人工智能主播在媒体中应用时所出现的问题，便于人工智能主播在后续的研发和应用中能够更加适合媒体发展的趋势，同时也更加符合媒体语言传播的特征和规律。

一、虚拟主播的有声语言和副语言内容

截至 2017 年 3 月，已经有数十种形态各异的人工智能主播出现在广播、电视和网络媒体中，并且这种应用还在不断地快速发展。本章尝试对虚拟主播到人工智能主播的语言表达手段进行监测和分析。以活跃在荧屏上时间跨度最长、影响力最大的虚拟主播和人工智能主播为例，深入了解目前人工智能主播创作手段的应用情况。

自从 2000 年世界上第一位虚拟主播"安娜诺娃"诞生以来，虚拟主持人开始以媒体语言传播载体及媒体语言创作主体的角色陆续出现在了网络、电视、广播等媒介。针对虚拟主播的语言创作手段的变化，以下内容将对重点案例进行分析和总结。

在我国比较有影响力的虚拟主播包括 2001 年天津电视台的"言东方"、2004 年中央电视台电影频道的"小龙"、2015 年中央电视台春节联

欢晚会的虚拟主播"阳阳"等。之所以说这三款虚拟主播比较有影响力，是因为它们作为媒体语言的创作主体在节目中并非是昙花一现，而是能够在一定程度上驾驭整档节目，成为这档节目的固定主持人，并且在荧屏上活跃了较长的一段时间。

研究虚拟主播究竟能否成为具有现实意义的媒体语言传播载体，很重要的一个环节就是通过监测现有的虚拟主播的语言创作手段，也就是有声语言和副语言的表达状态，从而进行进一步的研究。

相对于"言东方"诞生时技术手段的单一，"小龙"无论在有声语言和副语言的表达方式上都更生动，更符合广播电视语言传播载体的特点。因此，以下内容选取自"小龙"在中央电视台电影频道《光影周刊》栏目中的部分片段，本文根据"小龙"在播音主持时的视频内容进行了文稿的录入，文稿内容包括虚拟主持人"小龙"的有声语言及副语言传播的内容。

（一）早期的电视虚拟主播

1.有声语言内容

以电视虚拟主播的代表"小龙"为例。从 2004 年到 2006 年，虚拟主播"小龙"一直是中央电视台电影频道（CCTV-6）的节目主播，现在除了在中央电视台媒体资料库中可以查到这档节目的视频资料之外，在"爱奇艺""优酷"等互联网视频网站上，也可以找到其主持的部分视频影像资料。通过对当年"小龙"主持的《光影周刊》中"小龙推介"这一片段播音主持的内容监测和梳理，能够看出《光影周刊》栏目在媒体语言传播的表现形式上力求创新。以下节选了"小龙"在节目中的解说词文稿内容，并对其创作手段分别做出了分析：

开场白：这几年动作导演这个行当可真是风光啊，像袁和平、元奎这样的大腕儿，不但驰骋两岸三地影坛，还成功地杀进了好莱坞。①您一定猜到了，我今天给您介绍的就是这位著名的动作导演：熊欣欣。一看这位的这几下身手就知道，一定功力不浅，没错，这位老兄自幼习武，进入电影圈后就和大导演徐克多次合作，主演了《黄飞鸿》《满汉全席》《断刀客》等电影，并且在多部影片中担任了动作指

---

① 此处"小龙"副语言配合其有声语言，对于传播内容进行了形象表达。

导。不久前他又和徐克再度合作，联手打造了一部少儿动作电影：《浅蓝、深蓝》，周五下午就请您欣赏这部由徐克监制、熊欣欣任动作导演的少儿动作电影——《浅蓝、深蓝》。①

　　串词：怎么样，我们在黄金时间里，给您准备的影片还不错吧，其实我们电影频道，在非黄金时间里为您安排的电影，也很好看。公安局长临危受命，犯罪团伙发生激烈的枪战、紧张的追捕，哎，这是说到哪儿去了，② 我说的就是一部在非黄金时间和大家见面的电影，这部电影讲的是一个不太陌生的故事，可拍得却十分火爆。周三下午，我们就为您播出这部，由腾文骥执导，陈建斌、赵亮主演的动作影片——《致命的一击》，请您不要错过。③

　　结束语：好了，亲爱的观众朋友们，本期的周刊人物就先介绍到这里。接下来进入我们的光影时间，还是来快速浏览一下……这几年由我们电影频道出品的电视电影，越来越多地受到了各方面的关注，根据小说改编的《阿珍和她的女主人》获得了国际艾美奖最佳女主角奖，表现人物情感是电视电影的一大特点。周五晚上的周末影院，我们就为您播出这一部影片，欢迎各位到时收看。④

2. 副语言内容

　　配合有声语言的表达内容，"小龙"的副语言主要以手势动作来协助其进行信息和情感的表达。如注释中所注明的，在"小龙"进行媒体语言传播时，会在一些需要停顿的气口，或是需要强调的用词上，做出手势和动作，这与媒体语言学中播音主持创作的要求是一致和统一的。

（二）拥有成熟技术的大型节目虚拟主播

　　和"小龙"间隔了近十年，在 2015 年中央电视台羊年春节联欢晚会上，第一个在大型晚会中登场的虚拟主播诞生了，同时，通过电视直

---

① 此处配合手势动作的副语言表达即将为观众展示短片的意图。
② 此处出现副语言手势动作。
③ 此处出现副语言手势动作。
④ 此处出现副语言手势动作。

播，虚拟主播"阳阳"也是电视虚拟主播和直播虚拟主播。除了董卿、朱军、撒贝宁、康辉等现场的八位主持人之外，"阳阳"作为第九位主持人，需要负责与受众互动的微信互动版块以及手机微信"摇一摇"发红包的版块。

表 3-1　虚拟主播"阳阳"的简介

中 文 名：	阳阳
配　　音：	刘纯燕
登场作品：	2015 年中央电视台春节联欢晚会
生　　日：	2014 年 10 月 3 日
寓　　意：	活泼阳光、三阳开泰
设计原型：	羊

如表 3-1 所示，虚拟主播"阳阳"的有声语言传播手段是借助中央电视台主持人刘纯燕的有声语言创作手段来完成的，那么，在其虚拟外形设计上，采用了三维电脑特技，使其具备自己的外观。

1. 有声语言内容

在 2015 年春晚总时长将近五个小时的晚会中，作为唯一的虚拟主播，"阳阳"在整场晚会中共出现了三次。分别是开场 8 分 17 秒处、52 分处以及 2 小时 31 分处。

以下是虚拟主播"阳阳"在"春晚"中分三次出现时，不同的主持内容。

2015 年中央电视台春节联欢晚会有声语言内容节选

① 开场串词（时长 21 秒）

"阳阳"主持人串词（8 分 17 秒处）：拜年咯，拜年啦！我是"春晚"吉祥物"阳阳"，祝大家羊年里扬眉吐气，扬扬得意，走阳关大道，喜气洋洋！从现在开始，你就可以一边儿看节目，一边儿跟我互动啦。拿起手机，打开微信，点击进入"摇一摇"，一起看"春晚"，互动过大年咯！

② 第二次出场（时长 2 分 37 秒）

（阳阳出场：52 分 00 秒处）

撒贝宁：掌声请出我们 2015 "春晚" 吉祥物——阳阳！

阳阳：吼吼，阳阳来咯！全家福，晒幸福，让所有的幸福都转起来吧！哈哈，谁会这么幸运，被阳阳选中嘞？看看这张，网友青青说，普通的父母培养了他们三个研究生，一家都学习这么好，太让人羡慕啦。哇，这家三胞胎！哇，这家这么多人！网友光与影说，他们家已经是四代同堂，今年齐聚山东青州（音译），拍下了这张最全的全家福！哎呀，真是人丁兴旺，给你们全家拜年啦！全家福实在是太多了，为了感谢这么多观众朋友们的支持，阳阳决定要给所有参与互动的观众，发红包！

撒贝宁：等等，等等！红包且慢，红包且慢！别着急发红包啊阳阳，我们的微信 "摇一摇" 还有很多精彩内容，你这样，好饭不怕晚，对不对？咱们等这个祝福，攒得更多一点的时候，再发红包，怎么样？

阳阳：不、不、不、不，我要发红包，我要发红包！

撒贝宁：瞧你这羊脾气，还挺倔。我跟你讲，很多演员和精彩节目都等着上台呢。

（阳阳副语言：表情生动，表示惊讶。）

撒贝宁：咱们别因为大家喜欢，就占着舞台不让啊，对不对？

阳阳：可是，我也有节目啊。

撒贝宁：你也演节目？

阳阳：我要给大家送一个 "儿童节目"。

撒贝宁：你长得还挺像儿童节目的。

阳阳：什么呀，人家这节目可都是真功夫。我说小撒，你躲远点。小心，伤着你！

撒贝宁：什么儿童节目这么火爆啊。

阳阳：接下来，我就让大家看看什么叫自古英雄出少年。

（结束：54 分 37 秒处）

③ 第三次出场（时长 2 分 31 秒）

（阳阳现场：2 小时 31 分处）

撒贝宁：掌声请出我们2015"春晚"吉祥物阳阳。

阳阳：哈哈，嘘，我告诉你们一个秘密，刚才唱歌的那英阿姨，她是属羊哒！嘘，我再告诉你们一个秘密，刚才唱歌的邓紫棋姐姐，她也是属羊哒！我还有一个更大的秘密呢，我……

撒贝宁：你、你、你、你，你也是属羊的！

阳阳：哎哟哎，你什么时候冒出来的。

撒贝宁：阳阳，你在这说半天，你说点大家不知道的事，行不行？

阳阳：别打岔，俗话说得好，物以类聚，羊以群分。

撒贝宁：不对，不对，那话不是这么说的啊，那话是：物以类聚，人以群分。

阳阳：羊也是以群分的呀。

撒贝宁：有道理。

阳阳：自古以来，羊通祥，所以只要阳阳出现，就是来给大家送好运，送吉祥的！红包要来咯！

撒贝宁：红包终于来了吗？

阳阳：电视机前的观众朋友们，你们都准备好了吗？

撒贝宁：快、快、快，做准备！

阳阳：赶紧拿出你的手机，打开微信，点击进入"摇一摇"，听我的口令……

撒贝宁：你的红包藏哪儿了，阳阳？

阳阳：看着啊，现在我宣布，"春晚"送大礼，摇一摇抢红包，马上开始。

撒贝宁：哇、哇！

阳阳：哇，准备好了，跟我一起倒数，3、2、1！抢红包咯！祝大家喜到、福到、好运到！

撒贝宁：家兴、国兴、万事兴！

2.副语言内容

通过监测虚拟主播"阳阳"在中央电视台2015年春节联欢晚会中的三次亮相，能够发现其副语言内容相比2004年出现的虚拟主播"小龙"，无论情感的传递还是信息的表达都有了大幅的改进。

虚拟主播"阳阳"的外形，是根据中国传统文化的金羊为设计雏形，寓意烘托出羊年的喜庆氛围，因此，"阳阳"整体以金色为主基调，透露出一股暖洋洋的新春气息。这就使得"阳阳"有了直观的"形象"表达。

在副语言方面，"阳阳"借助了哑剧演员李奎作为其动作的原型。[1]"阳阳"的体态副语言是李奎给予了其生命力，在舞台上扮演者需要穿着一套特制的"演出服"进行表演，演出服是由感应仪组成的。李奎的头上、手臂上、腰部、两条腿，从上到下一共十七个点，每一个点都是一个动态捕捉的讯号，在后期这些动态讯号形成了"阳阳"的体态副语言。[2]

副语言中除了体态动作，最重要的一个环节还包括创作主体的眼神、面部表情等。虚拟主播"阳阳"的神态和表情，是通过"七维视觉在应用动作捕捉的同时，使用了面部同步传递系统来提取的"。[3]只是在神态副语言上，就不是由哑剧演员李奎来完成的，而是由主持人刘纯燕来完成这个环节的。最终，"面部数据同时被传递给终端引擎，在引擎强大的实时渲染能力下，阳阳的每一个动作动画准确同步到播出画面里，最终活灵活现的阳阳就在新技术的驱动下实时传达到广大观众的眼前了"。[4]

二、虚拟主播的有声语言和副语言创作手段分析

（一）虚拟主播"小龙"的媒体语言创作手段分析

通过"小龙"的解说词文稿内容可以看出，虚拟主播的解说词内容本身是符合受众视听习惯的，和传统的主持人解说词文稿在内容上并无差异，但是通过视听语言发现，在有声语言和副语言的表达上，虚拟主播"小龙"与传统的播音主持创作主体还有一定距离。

---

① 邓晨曦编："解析春晚虚拟主持人阳阳是怎样炼成的"（2015 年 2 月 28 日），http://gb.cri.cn/42071/2015/02/28/7371s4884797.htm。

② 邓晨曦编："解析春晚虚拟主持人阳阳是怎样炼成的"（2015 年 2 月 28 日），http://gb.cri.cn/42071/2015/02/28/7371s4884797.htm。

③ 邓晨曦编："解析春晚虚拟主持人阳阳是怎样炼成的"（2015 年 2 月 28 日），http://gb.cri.cn/42071/2015/02/28/7371s4884797.htm。

④ 邓晨曦编："解析春晚虚拟主持人阳阳是怎样炼成的"（2015 年 2 月 28 日），http://gb.cri.cn/42071/2015/02/28/7371s4884797.htm。

1. 有声语言表达分析

"声音"和"形象"是播音主持创作主体需要具备的两大特征，在传媒领域，特别是以广播、电视为主的传统媒体，对于播音主持创作主体的要求是较高的。目前，大部分在荧屏上活跃的播音员、主持人都是需要经过系统的播音主持训练，经过一定的考核，①才能够顺利进入播音主持的岗位。原因在于播音主持创作主体在有声语言的创作时，需要遵从发声系统和表达系统的要领，才能够保持较好的发音吐字水准，使发音准确清晰，这有利于媒体语言的传播。

那么对于虚拟主播来说，对于其有声语言的标准和要求，不应该由于其外形是虚拟的，是三维动画合成的，就降低标准。当然，也不必非要一板一眼地进行"播报式"的表达。播音主持表达样式多种多样，有宣读式、播报式、评述式、谈话式、讲解式等。虚拟主播的形式本身就是创新性的，结合其节目的定位，选取最适合的语言表达方式。

在《光影周刊》栏目中，"小龙"被打造成一位"阳光青年"，因此，结合它自身的定位与节目的定位，"小龙"的有声语言表达形式偏重于"讲解式"，更多的是用一种平实、轻松、欢快的语言风格向受众介绍节目内容。

通过节选的"小龙"在节目中的解说词能够发现，其有声语言的运用十分"接地气"，比如"怎么样？""还不错吧？""这是说到哪儿去了？"等语言的运用，符合受众的收听习惯，符合广播电视语言传播特征。就其有声语言中的发音、咬字、气息等播音主持过程中的技术和技巧来看，并不存在很大问题，这是因为"小龙"的有声语言是由专业的配音人员在幕后合成的，自然符合媒体语言创作主体的规范和要求，但从某种程度上说，无法独立完成播音主持创作，是制约虚拟类人主播发展的重要因素之一。

2. 副语言表达分析

"小龙"作为中央电视台电影频道着力打造的虚拟主播，同时也作为中央电视台虚拟主播的代表，展现了专业性强、亲和力强的阳光青年荧幕形象。

---

① 通常是通过普通话水平测试一级甲等考核。

在其副语言方面，在"小龙"进行主持的时候，想强调语言中的重点或带有情感的表达时，副语言即"小龙"的肢体语言则配合其有声语言，进行语义的传播和表达。整体上看，"小龙"的荧屏形象是活泼、令人印象深刻的，"小龙"的表达是流畅的。然而在其副语言表达方面，一些不利于媒体语言传播的问题同时也暴露了出来。比较明显的是，包括眼神、面部表情、体态、服饰等副语言的表达都很僵硬、死板，这势必影响到受众的收视感受，从而影响节目的收视率以及其媒体语言传播的效力。

（二）虚拟主播"阳阳"的媒体语言创作手段分析

1.有声语言表达分析

在有声语言方面，为"阳阳"赋予声音"生命力"的是央视著名少儿节目主持人刘纯燕。刘纯燕有着扎实的配音功底，曾为《猫和老鼠》《哆啦A梦》《铁臂阿童木》《米老鼠和唐老鸭》等多部知名动画作品配音，塑造了多个极具辨识度的声音形象。

（1）在直播节目中，注重有声语言的时效性

在为"阳阳"赋予有声语言的时候，配音人员进行了艰苦的排练，因为"阳阳"不但是大型节目虚拟主播、电视虚拟主播，同时还是直播节目虚拟主播。由于"春晚"直播的节目性质要求，虚拟主播的"有声语言"要和其副语言形成统一协调的整体。

（2）把握虚拟主播的分寸感和情感性

此外，鉴于"阳阳"被设计成为一个偏卡通的形象，它的受众定位更倾向于少年儿童，因此，就要求针对"阳阳"本身的创作主体特色，进行适合它形象定位的有声语言表达。同时，在进行媒体语言创作的时候，要始终伴随着感情，但是也不要过分夸张渲染和演绎。

2.副语言表达分析

借助幕后的真人配音人员和动作演员，"阳阳"才能够在副语言方面充分展示其语言特点，才能够通过头、眼以及四肢的恰到好处的匹配动势，来充分表达"春晚"舞台上虚拟主播的媒体语言内容。特别是在晚会中第二次和第三次亮相时，"阳阳"不但对自身的有声语言进行了恰当的副语言配合表述，同时，还能够配合主持人撒贝宁的有声语言内容，进行一些表情和动作的变化。比如，在撒贝宁进行主持的时候，在一些关键的时间节点，"阳阳"能够及时地回应撒贝宁，似乎让受众感觉到，这一只

金色的"小羊"真的具有生命力，可以说虚拟主播能够达到如此的视觉效果，是技术与媒体融合的成果。按照虚拟主播"阳阳"的设计标准，历经十余年发展的虚拟主播应用技术发展到 2015 年时，已经具备初步的成效，虚拟主播的副语言表达已经能够配合其有声语言的传播，完整地进行信息的传达和情感的交流。

三、小结

通过对 2004 年诞生的虚拟主播"小龙"以及 2015 年主持"春晚"的虚拟主播"阳阳"的语言传播内容的梳理，可以看出虚拟主播只要是定位清晰、风格明确，其在节目中作为广播电视语言传播的载体是完全没有问题的，无论是从语言内容到语言风格，还是从语言形态到语言创作手段，都能够流畅地表达媒体语言的信息。

在有声语言方面，虚拟主播的声音都是由配音人员进行配音的，因此在播音主持创作手段上，能够符合正确规范的播音主持发音和吐字方法。在副语言方面，虚拟主播结合了虚拟现实技术，能够配合有声语言，在需要副语言配合有声语言表达情感、强调重点语言传播内容的时候出现，较好地配合了有声语言的传播。

在人工智能技术还未能和媒体发生融合的时候，虚拟主播能够达到"阳阳"的播音主持水平，在虚拟主播这十余年的发展历程中，已经创造了历史。然而，虚拟主播的问题依然很多，主要体现在有声语言和副语言的创作手段无法超越人类上。首先，在媒体视频内容竞争激烈的当下，受众对于副语言表达能力较弱的虚拟主播恐怕没有持续性的收看兴趣；其次，虚拟主播的有声语言永远无法脱离人类配音人员的帮助，限制了虚拟主播的发展，成为虚拟主播永恒的发展瓶颈。这两点原因也许是虚拟主播历经了十余年的发展，却始终无法在真正意义上取代人类播音员、主持人、主播、配音人员等工种的重要原因。就像供给永远是需求驱动下产生的，虚拟主播到底是否是媒体行业以及受众所需求的，它的研发成本和收视效果是否能产生正向积极的作用，对于传播媒体语言带来了哪些深刻的变化，答案似乎并不乐观。

但是，虚拟主播的出现和发展是顺应事物发展规律的。人们通过不断地探索，尝试让机器能够替媒体工作者分担一部分程式化的工作，这是符合事物发展趋势的。虚拟主播的技术已经趋向成熟，针对其并不完善的自然语言处理、机器学习、问题求解等功能，人工智能技术的发展填补了这一空白。将虚拟主播的发展经验与人工智能技术相结合，成为人工智能主播诞生的条件。

第二节　人工智能主播语言创作手段分析

随着人工智能技术的发展，2015 年年底，人工智能主播开始以较高的频率，出现在电视、广播和网络等媒体。其中，最有影响力的人工智能主播当数上海东方卫视《看东方》节目的气象新闻主播"小冰"。2015 年 12 月 22 日，"小冰"第一次以气象主播的身份出现在节目中，以流畅自如的机器模拟人声对天气和每日的生活指数进行播报，对时事热点问题进行评论，对网友的留言进行评论。以下节选了 2017 年 2 月，"小冰"在《看东方》节目中连续十天的主持内容片断，并对人工智能主播"小冰"的媒体语言创作手段进行分析。

一、人工智能主播的有声语言和副语言内容

电视人工智能虚拟主播"小冰"有声语言监测内容

1. 2017 年 2 月 10 日节目内容

小冰：好的，今天上海人体舒适度指数四级，感觉不舒适；晚锻炼指数三级，不太适宜锻炼。对于刚刚说的"艺考热"的这个话题，大家的回复都很有趣。有的小伙伴说，看到很多已经出名的童星也报考了艺校，说明在大学校园上学是一种体验及沉淀的过程，只有不断学习，才能避免成为"流星"。也有美术特长生表示，虽然是半路出家，但真的喜欢美术这个行业。而且美术人才也是一代更比一代强。也有人回复，"艺考"竞争太激烈，百里挑一都不足以形容，绝大多数艺术院校表演系的淘汰率都超过了 99%，考生们还是要理智些。还有人更重视品德的培养，说有才艺固然重要，但艺德也要从小培养。"艺考"的时候应该重视艺德。当然也有小伙伴对"艺考"提出了期望，这几年"小鲜肉"等词频出，仿佛是看脸的世界。希望"艺考"

能多出来一些真正有才华的人，而不是花瓶。怎么样，有看到你的回复吗？每个人都有自己的梦想，追梦路上的我们也不孤单，新的一年努力去实现吧。

2. 2017 年 2 月 11 日节目内容

小冰：好的，今天上海润肤指数四级，皮肤非常干燥；晚锻炼指数三级，不太适宜锻炼。对于刚刚说的"元宵节民俗"这个话题，大家的回复都非常有趣。有江苏淮北的小伙伴表示"元宵节会去逛庙会，好多人聚在一起，非常热闹"，有安徽的小伙伴说"我们这边有贴鼻子、赏灯猜谜的习俗"，有山东青岛的小伙伴回复"在我们这里有手艺特别好的芝麻糖球掌门人表演拔丝绝活"，还有浙江浦江的小伙伴说"在元宵节有吃馒头麦饼的习俗，据说原因是馒头为发面，麦饼为圆形，取大团圆的意思"，也有人说"我在北方，不但吃元宵还要包饺子，而且已经准备好和家人看花灯了，家人团聚就很幸福"。怎么样，有看到你的回复吗？在今天这个特别的日子里，小冰要祝福所有的小伙伴元宵节快乐。

3. 2017 年 2 月 13 日节目内容

小冰：好的，今天上海润肤指数四级，皮肤非常干燥；晚锻炼指数四级，不适宜锻炼。对于刚刚说的"上海年内实现 5A 级旅游景区'第三卫生间'全覆盖，方便不同性别家庭成员的如厕问题"这个话题，大家的回复都很精彩。有的小伙伴称赞说，旅游景区的建设越来越人性化了，真心点个赞。有的表示，这解决了游客的细分需求，是人文关怀的表现。有的人指出，希望数量也能跟上，不要让排队影响游客心情。也有的小伙伴提出，要加强管理，到时候不要被一般游客抢占了。怎么样，有没有看到你的评论呢？

4. 2017 年 2 月 14 日节目内容

小冰：好的，今天上海润肤指数四级，皮肤非常干燥；晚锻炼指数三级，适宜锻炼。对于刚刚说的"情人节怎么过最浪漫"这个话题，大家的回复都很精彩。有的小伙伴说，朴素些最好，看看电影，吃吃饭。也有的表示，不会刻意出去凑热闹，因为只要爱人在身边，恩爱幸福，天天都是情人节。有的人说道，带着女儿一起过，老婆、女儿都是我的情人。有的朋友说，会为我爱的人亲笔写一首情诗。还有些单身的朋友无奈地表示，我们单身一族，只能和小冰聊天，看着别人过了。怎么样，有没有看到你的评论呢？祝大家情人节快乐。

5. 2017 年 2 月 15 日节目内容

小冰：好的，今天上海润肤指数四级，皮肤非常干燥；晚锻炼指数二级，适宜锻炼。对于刚刚说的"重磅减负新政之下，上海中小学生是否能够真正卸下担子，'减负'除了主管部门和学校的努力，家长社会各方还应该做些什么"这个话题，大家的回复都非常的精彩。有的朋友说，学生课业负担太重的根本原因在于对优质教育资源的争夺，要解决问题，还需要从合理分配教育资源入手。还有的表示，有关部门应完善考试制度，建立多种形式并举的升学机制，在考试等测评中，除了分数，也要加强对孩子综合素质和能力的重视。也有人说，全社会要群策群力，需要树立孩子和家长正确的三观，孩子是独立成长的个体，别把孩子当成装知识的米袋子。还有人回复，家长也要认识到孩子教育的合理性，盲目地给孩子补课，可能会适得其反。

6. 2017 年 2 月 16 日节目内容

小冰：好的，今天上海润肤指数二级，皮肤较湿润；晚锻炼指数二级，适宜锻炼。对于刚刚说的"今天中小学生开学啦，寒假正式结束，你有什么感想"这个话题，大家的回复都非常的精彩。有的小伙伴说，寒假作业早完成了，轻轻松松去上学。还有的说，又可以见到同学和小伙伴了，开心。也有同学表示，要开学了，我也该收心进入高考筹备了，祝自己好运。有些已经工作的朋友回复，怀念上学时候单纯而美好的时光。

7. 2017 年 2 月 17 日节目内容

小冰：好的，今天上海润肤指数二级，皮肤较湿润；晚锻炼指数三级，不太适宜锻炼。对于刚刚说的"一个手机号就能查到一个人所有的私密信息，网上还对此随意进行买卖"这个话题，大家的回复都非常的精彩。有的小伙伴表示，信息泛滥的时代，我们仍需要隐私。有的人回复说，对此，不仅仅限于保护个人私密信息，更重要的是，严刑打击此行为，判刑加重罚，使人不敢染指。也有朋友认为，相关部门一定要严查交易人，严打投机取巧的商人和利用各种途径非法获取公民个人信息牟取私利的现象。还有的呼吁说，请相关部门制定监管政策，保护我们的私密信息。有的小伙伴提醒大家，在使用手机的时候，要加强对自己的信息安全的保护意识。怎么样，有没有看到你的评论呢？今天是本周工作日的最后一天了，祝大家心情愉快，活力满满。

8. 2017 年 2 月 18 日节目内容

小冰：好的，今天上海人体舒适度指数二级，感觉舒适；晚锻炼指数二级，适宜锻炼。对于刚刚说的"清华大学取消国际学生笔试"这个话题，有的小伙伴说，应该一视同仁，不能取消国际生笔试。有的朋友说，其实录取更严格了，而且很多国际知名大学都采用这种录取方式。还有朋友说，那如果我移民了，是不是考清华会轻松很多。也有朋友表示说，不能为了招收留学生而招收，要把心思花在搞学术上，科研水平优秀，一样是国际一流大学。怎么样，有没有看到你的评论呢？又到了一周的周末，计划一下做些有意义的事情吧。周末愉快。

9. 2017 年 2 月 19 日节目内容

小冰：好的，今天上海人体舒适度指数三级，一般舒适；晚锻炼指数二级，适宜锻炼。对于刚刚说的"共享单车"这个话题，大家的回复都好精彩。有的小伙伴说，每天早上下地铁后都要用共享单车来解决最后一公里，比打车快，不用担心迟到。还有的说，天气好的周末，都会和朋友出来骑共享单车，边骑车，边欣赏上海的风景。也有人回复说，出于好奇用过一次，但找到车后，扫不开锁，就放弃了。还有人说，我们这里还没有共享单车呢，好美慕。更有小伙伴说，两公里以内不急的话步行。怎么样，有没有看到你的评论呢？明天又是周一了，享受今天的美好时光吧。

10. 2017 年 2 月 20 日节目内容

小冰：好的，今天上海润肤指数二级，皮肤较湿润；晚锻炼指数二级，适宜锻炼。在这周一的早晨，不妨享受一顿营养早餐，让自己精力充沛，轻松应对所有挑战。①

---

① "小冰"解说词内容从"爱奇艺网"《看东方》节目视频资料节选（2017 年 2 月 11 日），http://www.iqiyi.com/a_19rrgiedn9.html?vfm=2008_aldbd。

二、人工智能主播有声语言和副语言创作手段分析

在科技的影响之下，媒体语言传播的创作手段发生了本质的变化，这种变化是由创作主体的改变所带来的。在人工智能主播出现之前，以播音主持工作为核心内容的媒体语言有声语言的发展，从诞生开始算起也只有不到一百年的历史。据不完全统计，截至目前，各类媒体播音主持从业人员已经有十万多人。但终究随着科技的发展，有声语言的创作手段也发生了变化。

"小冰"是以虚拟形态出现的人工智能主播，"小冰"的研发及应用，成为了人工智能与媒体融合的较为成功的案例。根据播音主持发展史、媒体语言传播概论以及互联网的信息咨询可知，"小冰"可以说是媒体语言学史上第一位用机器自然语言进行新闻信息有声语言传播的人工智能主播。

（一）人工智能主播"小冰"有声语言创作手段分析

1. 机器自然语言的拟人性强

通过对 2017 年 2 月"小冰"十天的连续播报情况能够发现，"小冰"的有声语言与人类有声语言特质十分相似。就"语音""语调""语速""发音""吐字""音准"等问题来看，"小冰"的有声语言完成情况良好。只是，对于播音主持时要求的"声音共鸣""吐字归音""声音弹性"等更有利于媒体语言传播质量的发音技巧，"小冰"与人类主播相比，稍显逊色。

2. 语言创作的情感性好

通过对"小冰"媒体语言创作内容的监测、汇总和对比发现，"小冰"能够根据媒体语言传播的内容，把相应的情感和情绪也恰当地表达出来。比如，"小冰要祝福所有的小伙伴元宵节快乐"这一句话，"小冰"在表达时的语气是欢快的，而在表达"有的小伙伴表示，信息泛滥的时代，我们仍需要隐私"的时候，"小冰"的声音则是严肃的。所以能够看出，人工智能技术的发展能够攻克人工智能主播在"情感表达"上较弱的技术壁垒。同时，通过诸如"吗""呢"等语气词运用在句子末尾，使"小冰"听上去具有了生命力，摆脱了受众对于机器人就应该是冰冷、刻板的固有印象。

3.语言逻辑性强

通过"小冰"的媒体语言传播内容能够发现,"小冰"在人工智能机器学习的科技程序设定之下,具有十分强的逻辑能力。只要是按照规律进行传播的媒体语言内容,比如气象新闻中,每天对天气的播报内容、对生活的"穿衣指数"信息等,"小冰"都会精准地进行流程化的传播。机器的严密逻辑在某些程度上,甚至比部分人类播音员、主持人要更胜一筹,这一点通过机器人"AlphaGo"战胜围棋大师李世石,便可见一斑。

4.语言创作时效性强

与虚拟主播不同,人工智能主播是完全凭借机器自然语言功能进行媒体语言传播的,它不需要幕后的现实人类配音人员进行声音合成。与人类主播不同,人工智能主播能够凭借计算机强大的数据库功能,在相当短的时间内,按照程序设定完成对媒体语言传播内容的创作,而大部分人类主播需要在编辑、记者撰写的文稿基础之上,才能够进行媒体语言的创作,因此,"小冰"在有声语言创作的时效性方面,表现尤为突出。

5.语言创作规范性高

使用标准的普通话进行媒体语言传播是符合媒体语言传播规范性的特征要求,也顺应国家推广普通话的时代要求。人工智能主播"小冰"在规范性方面,并不存在困扰和问题。

(二)人工智能主播"小冰"副语言创作手段分析

与第一节案例中介绍的"小龙""阳阳"不同,"小冰"作为虚拟人工智能主播,是真正意义上不存在"外形",其完全没有一个具体的形象。这样的设计理念或许是更加有助于受众在意识中根据各自的喜好,想象虚拟人工智能主播的形态,这更有助于虚拟人工智能主播向个性化订制发展。

虽然"小冰"本身颠覆了传统播音主持创作主体需要有"嗓子"和"样子"的特点,但"小冰"在进行媒体语言传播时,搭配的是图像、图表、数字等符号语言。

图 3-1　类人虚拟智能主播"小冰"的副语言创作手段[①]

如图 3-1 所示，"小冰"在进行媒体语言传播时，其副语言创作手段是以符号语言为主的。在虚拟演播室里，根据"小冰"播报的新闻内容，智能化地出现了相匹配对应的图示，更形象化地表达了其有声语言的内容。

在这个时候，"小冰"作为虚拟人工智能主播的形象是隐去的，更能让观众看到的是新闻资讯本身，所以，对于媒体语言传播的内容，实际上有积极正向的促进作用。

三、小结

自 2015 年之后，在广播、电视及网络媒体（包括移动手机平台）中出现了各式各样的人工智能主播，据不完全统计，已达到几十位。作为人工智能主播中最具代表性的研究对象，"小冰"与媒体的融合从媒体语言的创作手段上来看，无疑是成功的。因为就有声语言来说，由"小冰"传播出的媒体语言不会让受众感到难以接受，市场的接纳代表着对其的认可；就副语言来说，智能化的图表等符号语言的引入，更能形象、直观地表达媒体语言。以往在新闻资讯节目中，主播起到的是"串联"作用，把若干"短片"进行起承转合的连接，在短片中，画面语言加解说词的内容，是由编辑在后期完成的。然而，人工智能主播凭借人工智能技术的进

---

① 搜狐网："里约奥运会看'微软小冰'如何主持"（2016 年 8 月 16 日），http://mt.sohu.com/20160816/n464402736.shtml。

步，把原本分为至少三个至五个步骤的广播电视语言内容合成的动作，瞬时合成一个新闻整体。这种技术上的突破是前所未有的。

"小冰"从2015年12月被上海东方卫视启用成为气象新闻主播以来，到2017年3月，已经连续工作了四百余天，从目前的报道和资料来看，"小冰"还没有在荧屏前出现过语音差错，或者是其他播报方式、语言样态上的差错。可见，"小冰"等人工智能主播的起用，顺应了事物发展的规律，作为人工智能和媒体融合的产品，它改变了传统的媒体语言创作手段，然而，却与传统的媒体语言创作手段所达到的效果相同，因此，"小冰"等人工智能主播对于媒体语言的传播是有积极促进作用的。

第四章　人工智能主播受众调查报告

第一节　问卷调查基本情况

一、调查目的

要充分了解人工智能主播的发展、探索其规律，是离不开对受众的调查的。受众，是构成播音主持创作活动的主要方面，受众不是被动的接受者，而是积极、主动的信息寻求者，受众总是根据自己的需要、兴趣、价值观念等因素去寻求、选择和理解信息。因此，受众的反应往往决定着创作手段是否有生命力、竞争力、可持续性。

此次调查的目的是了解受众对人工智能主播、主持人的接受程度，了解受众对人工智能主播应用领域的倾向性，了解受众对人工智能主播形态的倾向性。调查结果有利于业界和学界总结人工智能主播的发展规律以及判断未来人工智能主播的应用和发展趋势。

二、调查方法

本次调查以"您是否会看人工智能主播、主持人的节目"为题，主要针对在电视及互联网出现的人工智能主播、主持人进行调查。

（一）问卷内容的设计

问卷内容主要包括三个方面。

第一，受众收听及收看新闻、节目的习惯。

第二，受众对人工智能主播、主持人的熟悉度、满意度。

第三，受众对人工智能主播、主持人的期待。

具体构成情况见表4-1。

表4-1　问卷设计一览

调查目的	调查内容	题目编号
了解受众的收视习惯	受众的收视习惯。上网时经常获取哪方面信息	5、6
了解受众对人工智能主播的熟悉程度与喜爱程度	是否听说过智能主播？关注智能主播的原因	7、8、11、12、13
了解受众对人工智能主播的期待	希望在什么类型的节目中看到智能主播主持节目	9、10

（二）调查对象的设计

大众传播是通过文字（报纸、杂志、书籍）、电波（广播、电视）、电影、电子网络等大众传播媒介，向社会大众公开地传递信息的过程。其中，广播电视语言传播的对象，就是广大民众。因此，此调查的设计对象是年龄在十岁以上，有收视爱好、有一定判断能力的受众。

（三）抽样情况

1. 抽样方法

本次抽样采用的是互联网电子问卷的方式，共发放问卷1000份，收回有效问卷344份，此外有超过50%的被调查者表示，从未听过"人工智能主播"或"人工智能主播"这一概念，也未曾收看过人工智能主播作为媒体语言传播载体所播报和主持的节目。因此，本调查主要针对有效的344份问卷进行分析。其中，有效答卷的渠道来源全部来自手机。其样本人群分布在世界各地，以中国北京市、河北省、山东省等地为样本的主要地理位置来源，同时样本人群还分布在香港特别行政区和澳门特别行政区，以及国外。

2. 样本构成

（1）调查地点

本次调查的样本涉及了二十七个省、自治区以及直辖市，其中华北地区包括北京市、河北省、山西省；东北地区包括黑龙江省、吉林省、辽宁省；华东地区包括上海市、江苏省、山东省、浙江省、安徽省、江西省、福建省；华南地区包括广东省、香港特别行政区、澳门特别行政区；西南地区包括重庆市、四川省、云南省；西北地区包括陕西省、甘肃省、宁夏回族自治区、新疆维吾尔自治区、内蒙古自治区等二十七个省、市、自治区。样本构成除了在中国以外，还有十位被调查者来自海外，其中包括美国六位、新加坡一位、马来西亚一位、澳大利亚一位、阿尔及利亚一位。

（2）地理位置分析

根据样本的城市规模来分析，一线城市有250份样本，占样本总比例的72.7%；二线城市样本数量为36份，占样本总比例的10.5%；三线城市样本数量为58份，占样本总数的16.8%。

表4-2 有效问卷发放地理位置情况一览

地点	发放数量（份）	百分比（%）
北京	176	50.43
四川	20	5.74
河北	17	4.87
山东	13	3.72
广东	10	2.87
国外	10	2.87
江苏	10	2.87
云南	9	2.58
浙江	7	2.01
河南	6	1.72
黑龙江	6	1.72
湖北	6	1.72
湖南	6	1.72
吉林	6	1.72
安徽	5	1.43
辽宁	5	1.43
重庆	5	1.43
香港	4	1.15
江西	4	1.15

地点	发放数量（份）	百分比（%）
福建	4	1.15
海南	3	0.86
内蒙古	3	0.86
宁夏	3	0.86
山西	3	0.86
上海	3	0.86
新疆	1	0.29
天津	1	0.29
陕西	1	0.29
甘肃	1	0.29
澳门	1	0.29

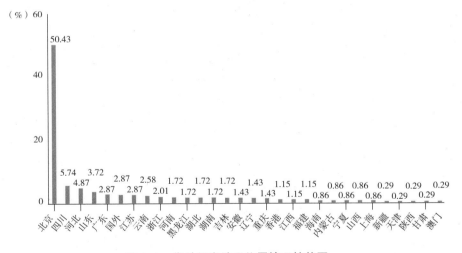

图 4-1 发放问卷地理位置情况柱状图

（3）年龄构成

根据 344 份有效样本，被调查人士的最小年龄段是 10~20 岁，有 2 位，最年长者为 70 岁以上，有 1 位。其中，样本构成的核心年龄段为 31~40 岁，共有 153 位，占总人数的 44.5%。

表 4-3　样本年龄情况一览

年龄	小计（份）	百分比（%）
10~20	2	0.58
21~30	94	27.30
31~40	153	44.50
41~50	55	16.0
51~60	33	9.59
61~70	6	1.74
70 以上	1	0.29

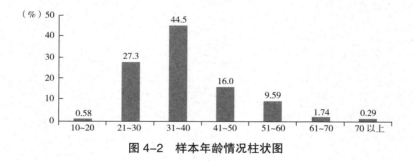

图 4-2　样本年龄情况柱状图

（4）性别构成

此次调查的样本中，男性所占比例超过了 60%，女性所占比例接近 40%。

表 4-4　样本性别分布一览

性别	小计（份）	百分比（%）
男	207	60.2
女	137	39.8

（5）受教育程度构成

此次调查的样本中，最高学历为研究生（硕士、博士），最低学历为初中。具体情况见表 4-5。

表 4-5 样本受教育程度分布一览

受教育程度	小计（份）	百分比（％）
小学或小学以下	0	0
初中	4	1.2
高中、技校或中专	16	4.6
大学（本科、专科）	207	60.2
研究生（硕士、博士）	117	34.0

（6）职业构成

此次调查将职业分为公职人员、教师、学生、企业员工、农民、工人、自由职业者。样本的职业构成情况见表 4-6。

表 4-6 样本职业构成情况一览

职业	小计（份）	百分比（％）
公职人员	94	27.3
教师	20	5.8
学生	33	9.6
企业员工	137	39.8
农民	3	0.9
工人	3	0.9
自由职业者	54	15.7

三、调查过程

本次问卷是在互联网问卷软件上制作的，发放及收取方法主要是通过微信好友及朋友圈转发的方式。

问卷通过微信信息、群、朋友圈等途径扩散，收取到的数据可以通过软件监测到 IP 地址、填写人的基本信息（与微信账号关联统一）等。

四、调查数据的录入和核对

通过"问卷星"网络调查软件，被调查者将意向填入对应选项后保存，整体数据上传至"问卷星"数据库，数据处理采用了 SPSS 软件进行录入及核对。

第二节　调查结果

一、样本背景构成分析

本研究的调查样本来自全国各地，鉴于"人工智能主播"概念的创新性，参与问卷调查的对象以一线城市为主，二线、三线城市也均有涉及。

表 4-7　样本背景构成分析

问题	选项	频数	百分比（％）
性别	男	207	60.2
	女	137	39.8
年龄（岁）	10~20	2	0.58
	21~30	94	27.3
	31~40	153	44.5
	41~50	55	16.0
	51~60	33	9.59
	61~70	6	1.74
	70 以上	1	0.29
城市	一线城市	250	72.6
	二线城市	36	10.5
	三线城市	58	16.9
学历	初中	4	1.2
	高中、技校或中专	16	4.6
	大学（本科、专科）	207	60.2
	研究生（硕士、博士）	117	34.0
职业	公职人员	94	27.3
	教师	20	5.8

问题	选项	频数	百分比（%）
职业	学生	33	9.6
	企业员工	137	39.8
	农民	3	0.9
	工人	3	0.9
	自由职业者	54	15.7
合计		344	100.0

从表 4-7 可以看出，本研究共收集有效样本为 344 份，样本中男性相对较多，共为 207 名，比例是 60.2%；从年龄分布上看，大部分样本介于 31~40 岁，比例为 44.5%；除此之外，样本学历分布上，大部分为大学或者研究生学历，大学学历样本比例占六成；职业情况上，企业样本人员最多，共为四成，自由职业者样本占比是 15.7%；另外，样本主要来自一线城市，比例是 72.6%。

二、样本对人工智能主播基本态度分析

此部分在于利用频数分析去研究样本对于人工智能主播相关题项的态度情况，包括样本对于人工智能主播的满意度情况、样本对于将来智能主播取代现实主持人的态度、收看智能主播节目的态度情况等，并且分析样本对于"微软小冰"的了解程度和人工智能主播进行配音的态度情况等。分析结果分别如以下各表所示。

表 4-8　样本对于人工智能主播基本态度分析

问题	选项	频数	百分比（%）
您对人工智能主播、主持人是否满意？	很满意	40	11.6
	一般	237	68.9
	不满意	67	19.5
您认为智能主播、主持人会取代现实主持人吗？	不会	228	66.2
	可能会	111	32.3
	会	5	1.5

续表

问题	选项	频数	百分比（%）
您会选择收看智能主播、主持人出现的节目吗？	会，图个新鲜	267	77.6
	不会，没意思	57	16.6
	会，我很喜欢	20	5.8
您听说过智能主持人"微软小冰"吗？	听说过，没用过	85	30.4
	听说过，关注了并时常对话	26	9.3
	没有	169	60.4
如果使用人工智能主播进行新闻配音，您能接受吗？	能，只要声音和人类似，不影响内容就行	189	67.5
	能，我喜欢听和人类声音不同的机器声音	42	15.0
	不能，我只能接受人类现实主播的声音	49	17.5
合计		344	100.0

从表4-8可知，整体上看，样本对于人工智能主播的满意度为一般，选择一般满意的样本占比接近七成，同时对于智能主播取代现实主持人的态度上，样本中有66.2%认为不会，但同时也有约三成样本认为可能会，仅1.5%的样本认为以后智能主播会取代现实主持人；整体上看，样本对于智能主播取代现实主持人并不乐观。针对"微软小冰"的了解情况，大部分样本并没有听说过，比例是六成，仅三成样本听说过；针对人工智能主播进行新闻配音的接受意愿，大部分样本认为可以接受，但前提是声音和人类似，不影响内容就可以。

（一）调查内容

1. 样本上网的主要意图

表4-9　样本上网意图

选项	频数	百分比（%）
收看新闻	296	86.0
查找资料	286	83.1

选项	频数	百分比（%）
收发邮件	224	65.1
游戏娱乐	173	50.3

从表4-9和图4-3可知：从样本上网目的情况来看，收看新闻、查找资料、收发邮件，这三项的选择比例均高于六成，说明此三项均是样本进行上网的主要意图。

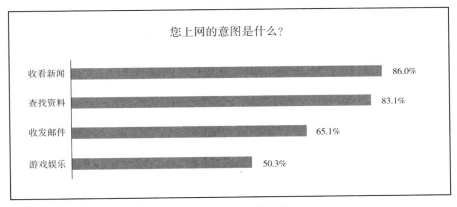

图4-3　样本上网意图

2. 样本收看电视的主要意图

表4-10　样本对收看电视节目的意向调查结果

选项	频数	百分比（%）
收看新闻	257	74.7
看综艺娱乐节目	200	58.1
看电视剧	172	50.0
看大型晚会演出	146	42.4
看纪录片	141	41.0
看生活服务信息	95	27.6

从表4-10和图4-4可知：从收看电视节目的意图上看，收看新闻、看综艺娱乐节目、看电视剧这三项是主要原因，选择比例均接近或者高于五成。

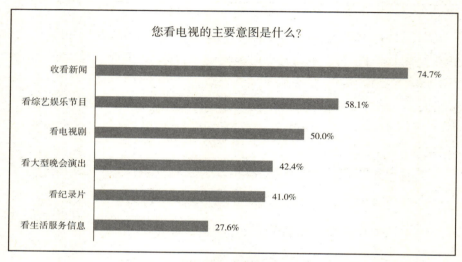

图4-4 样本收看电视节目的意向调查

3. 样本对人工智能主播的知晓度调查

表4-11 样本对人工智能主播的知晓度

选项	频数	百分比（%）
听说过，想看看	127	36.9
仅听闻过	101	29.4
听说过，不关注	98	28.5
了解，看过它们的节目	49	14.2

从表4-11和图4-5可知：从人工智能主播的了解情况来看，多数样本仅是听说过，比例为36.9%，还有部分样本仅仅是听闻过或者听说过但没有进行关注；仅14.2%的样本了解并且收看过相关节目。整体上看，当前样本对于人工智能主播、主持人的了解程度很低。

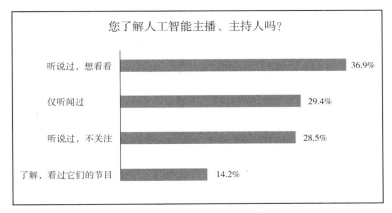

图 4-5　样本对人工智能主播的知晓度

4. 样本关注人工智能主播的原因

表 4-12　样本关注人工智能主播的原因

选项	频数	百分比（%）
好奇	269	78.2
很有发展前景	108	31.4
喜欢它们的风格	29	8.4

从表 4-12 和图 4-6 可知：如果用户关注智能主播，更多的是出于好奇这一原因，选择比例是 78.2%。

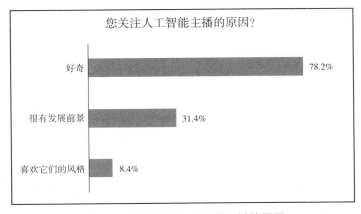

图 4-6　样本关注人工智能主播的原因

（二）人工智能主播偏好情况分析

1. 样本收视偏好

此部分在于利用频数分析去研究样本对于人工智能主播的偏好情况，包括智能主播播报的节目情况、人工智能主播新闻类型和智能主播的类型情况等。

表 4-13 样本收视偏好

选项	频数	百分比（%）
电视新闻节目	191	55.5
广播节目	171	49.7
娱乐综艺节目	119	34.6
大型晚会及论坛	43	12.5

从表 4-13 和图 4-7 可知：针对人工智能主播节目情况偏好，电视新闻节目、广播节目这两项的选择比例均在五成左右，说明样本更能接受电视新闻节目或者广播节目中出现人工智能主播。相对来看，样本对于娱乐综艺节目或者大型晚会及论坛上人工智能主播的偏好度较低。

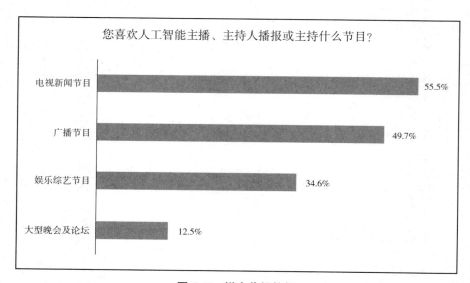

图 4-7 样本收视偏好

2. 样本对人工智能主播出现的新闻类型偏好

表 4-14　样本对人工智能主播出现的新闻类型偏好

选项	频数	百分比（%）
气象新闻	228	66.3
娱乐新闻	126	36.6
财经新闻	120	34.9
体育新闻	100	29.1
法制新闻	96	27.9

从表 4-14 和图 4-8 可知：针对具体人工智能主播出现的新闻类型偏好，气象新闻的选择比例高达 66.3%，明显高于其余各项，说明样本更多地认为气象新闻中出现智能主播较为适合。

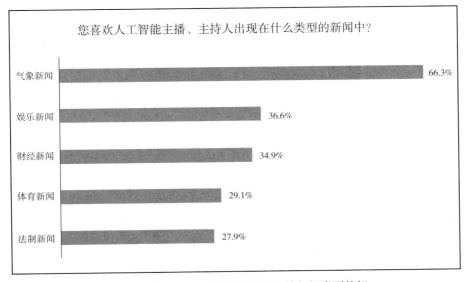

图 4-8　样本对人工智能主播出现的新闻类型偏好

3. 样本对人工智能主播的类型偏好

表 4-15　样本对人工智能主播的类型偏好

选项	频数	百分比（%）
仿真人外观的智能主播 （和真人类似）	216	62.8
虚拟智能主播（以二维或 三维形式出现）	155	45.1
机器人外观的智能主播	76	22.1

从表 4-15 和图 4-9 可知：从具体智能主播的类型偏好来看，仿真人外观的智能主播（和真人类似）的偏好度最高，选择比例是 62.8%。

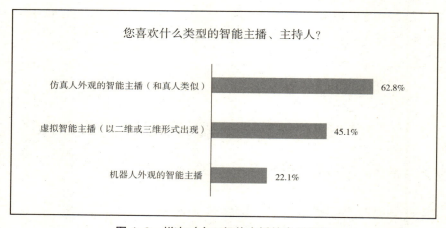

图 4-9　样本对人工智能主播的类型偏好

（三）人工智能主播态度卡方检验（比较差异分析）

本部分利用卡方检验（比较差异分析），去研究不同背景情况的样本人群，包括性别、年龄、城市和学历等四项，他们对于人工智能主播相关题项的态度是否呈现出差异性，如果呈现出显著性差异，具体差异情况如何等，并且在分析完成后进行总结。本部分共分为五个小部分。

1. 性别与人工智能主播态度卡方检验

表 4-16 性别与人工智能主播态度卡方检验

问题	选项	性别		合计	X²	P
		男	女			
您对人工智能主播、主持人是否满意？	很满意	28（13.5）	12（8.8）	40（11.6）	2.775	0.250
	一般	143（69.1）	94（68.6）	237（68.9）		
	不满意	36（17.4）	31（22.6）	67（19.5）		
合计		207（100.0）	137（100.0）	344（100.0）		
您认为智能主播、主持人会取代现实主持人吗？	不会	129（62.3）	99（72.3）	228（66.2）	3.762	0.152
	可能会	75（36.2）	36（26.3）	111（32.3）		
	会	3（1.4）	2（1.5）	5（1.5）		
合计		207（100.0）	137（100.0）	344（100.0）		
您会选择收看智能主播、主持人出现的节目吗？	会，图个新鲜	162（78.3）	105（76.6）	267（77.6）	3.215	0.200
	不会，没意思	30（14.5）	27（19.7）	57（16.6）		
	会，我很喜欢	15（7.2）	5（3.6）	20（5.8）		
合计		207（100.0）	137（100.0）	344（100.0）		
您听说过智能主持人"微软小冰"吗？	听说过，没用过	59（34.3）	26（24.1）	85（30.4）	12.287**	0.002
	听说过，关注了并时常对话	22（12.8）	4（3.7）	26（9.3）		
	没有	91（52.9）	78（72.2）	169（60.4）		
合计		172（100.0）	108（100.0）	280（100.0）		

续表

问题	选项	性别		合计	X²	P
		男	女			
如果使用人工智能主播进行新闻配音，您能接受吗？	能，只要声音和人类似，不影响内容就行	109（63.4）	80（74.1）	189（67.5）	3.623	0.163
	能，我喜欢听和人类声音不同的机器声音	30（17.4）	12（11.1）	42（15.0）		
	不能，我只能接受人类现实主播的声音	33（19.2）	16（14.8）	49（17.5）		
合计		172（100.0）	108（100.0）	280（100.0）		
* p<0.05，** p<0.01						

从表4-16可知，利用卡方检验去研究不同性别样本人群，对于"您对人工智能主播、主持人是否满意？""您认为智能主播、主持人会取代现实主持人吗？""您会选择收看智能主播、主持人出现的节目吗？""您听说过智能主持人微软'小冰'吗？""如果使用人工智能主播进行新闻配音，您能接受吗？"总共五个题项的差异情况。从表4-16可知，不同性别人群对于"您听说过智能主持人微软'小冰'吗？"呈现出显著性。具体对比差异可知：相对于女性样本人群，男性样本人群听说过"微软小冰"的比例明显更高。

表4-17　性别与收视意图卡方检验

问题	选项	性别		X²	P
		男（N=207）	女（N=137）		
您上网的意图是什么？	收看新闻	187（90.3）	109（79.6）	16.131**	0.003
	收发邮件	140（67.6）	84（61.3）		
	查找资料	175（84.5）	111（81.0）		
	游戏娱乐	93（44.9）	80（58.4）		

问题	选项	性别		X²	P
		男（N=207）	女（N=137）		
您看电视的主要意图是什么？	收看新闻	166（80.2）	91（66.4）	22.292**	0.001
	看电视剧	97（46.9）	75（54.7）		
	看综艺娱乐节目	106（51.2）	94（68.6）		
	看大型晚会演出	86（41.5）	60（43.8）		
	看生活服务信息	59（28.5）	36（26.3）		
	看纪录片	90（43.5）	51（37.2）		
您了解人工智能主播、主持人吗？	了解，看过它们的节目	40（19.3）	9（6.6）	14.130**	0.007
	听说过，想看看	79（38.2）	48（35.0）		
	听说过，不关注	54（26.1）	44（32.1）		
	仅听闻过	56（27.1）	45（32.8）		
您关注人工智能主播、主持人的原因是什么？	好奇	159（76.8）	110（80.3）	5.873	0.118
	喜欢它们的风格	22（10.6）	7（5.1）		
	很有发展前景	71（34.3）	37（27.0）		
* p<0.05，** p<0.01					

从表4-17可知，利用卡方检验去研究不同性别样本人群对于"您上网的意图是什么？""您看电视的主要意图是什么？""您了解人工智能主播、主持人吗？""您关注人工智能主播、主持人的原因？"总共四个题项的差异情况。从上表可知，不同性别人群对于"您上网的意图是什么？""您看电视的主要意图是什么？""您了解人工智能主播、主持人吗？"共三个题项呈现出差异的显著性。具体对比差异可知：针对上网意

图情况，男性样本更可能是收看新闻、收发邮件；而女性样本游戏娱乐的可能性明显更高；针对收看电视节目的主要意图情况，男性样本更可能是收看新闻和看纪录片，但是女性样本更可能是看电视剧、看综艺娱乐节目等。

2. 年龄与人工智能主播态度卡方检验

表 4-18　年龄与人工智能主播态度卡方检验

问题	选项	年龄				合计	X^2	P
		30 岁内	31~40 岁	41~50 岁	50 岁以上			
您对人工智能主播、主持人是否满意？	很满意	13（13.5）	14（9.2）	4（7.3）	9（22.5）	40（11.6）	11.581	0.072
	一般	65（67.7）	105（68.6）	38（69.1）	29（72.5）	237（68.9）		
	不满意	18（18.8）	34（22.2）	13（23.6）	2（5.0）	67（19.5）		
合计		96（100.0）	153（100.0）	55（100.0）	40（100.0）	344（100.0）		
您认为智能主播、主持人会取代现实主持人吗？	不会	64（66.7）	107（69.9）	34（61.8）	23（57.5）	228（66.3）	4.584	0.598
	可能会	31（32.3）	43（28.1）	21（38.2）	16（40.0）	111（32.3）		
	会	1（1.0）	3（2.0）	0（0.0）	1（2.5）	5（1.5）		
合计		96（100.0）	153（100.0）	55（100.0）	40（100.0）	344（100.0）		
您会选择收看智能主播、主持人出现的节目吗？	会，图个新鲜	68（70.8）	123（80.4）	42（76.4）	34（85.0）	267（77.6）	8.048	0.235
	不会，没意思	21（21.9）	25（16.3）	8（14.5）	3（7.5）	57（16.6）		
	会，我很喜欢	7（7.3）	5（3.3）	5（9.1）	3（7.5）	20（5.8）		
合计		96（100.0）	153（100.0）	55（100.0）	40（100.0）	344（100.0）		

问题	选项	年龄				合计	X²	P
		30岁内	31~40岁	41~50岁	50岁以上			
您听说过智能主持人"微软小冰"吗?	听说过,没用过	28(35.0)	41(32.3)	9(23.1)	7(20.6)	85(30.4)	14.666*	0.023
	听说过,关注了并时常对话	14(17.5)	7(5.5)	2(5.1)	3(8.8)	26(9.3)		
	没有	38(47.5)	79(62.2)	28(71.8)	24(70.6)	169(60.4)		
合计		80(100.0)	127(100.0)	39(100.0)	34(100.0)	280(100.0)		
如果使用人工智能主播进行新闻配音,您能接受吗?	能,只要声音和人类似,不影响内容就行	52(65.0)	84(66.1)	27(69.2)	26(76.5)	189(67.5)	2.023	0.918
	能,我喜欢听和人类声音不同的机器声音	12(15.0)	21(16.5)	5(12.8)	4(11.8)	42(15.0)		
	不能,我只能接受人类现实主播的声音	16(20.0)	22(17.3)	7(17.9)	4(11.8)	49(17.5)		
合计		80(100.0)	127(100.0)	39(100.0)	34(100.0)	280(100.0)		
* p<0.05,** p<0.01								

第四章 人工智能主播受众调查报告

从表 4-18 可知，不同年龄人群对于"您听说过智能主持人微软'小冰'吗？"呈现出显著差异。具体对比差异可知：相对来看，年龄低于 40 岁的样本人群，他们听说过"微软小冰"的可能性明显会高于 40 岁以上的样本人群。

表 4-19 年龄与收视意图卡方检验

问题	选项	年龄				X^2	P
		30 岁内（N=96）	31~40 岁（N=153）	41~50 岁（N=55）	50 岁以上（N=40）		
您上网的意图是什么？	收看新闻	78（81.3）	139（90.8）	46（83.6）	33（82.5）	62.886**	0.000
	收发邮件	61（63.5）	104（68.0）	41（74.5）	18（45.0）		
	查找资料	82（85.4）	132（86.3）	48（87.3）	24（60.0）		
	游戏娱乐	64（66.7）	82（53.6）	18（32.7）	9（22.5）		
您看电视的主要意图是什么？	收看新闻	67（69.8）	113（73.9）	43（78.2）	34（85.0）	31.390*	0.026
	看电视剧	54（56.3）	74（48.4）	19（34.5）	25（62.5）		
	看综艺娱乐节目	59（61.5）	94（61.4）	28（50.9）	19（47.5）		
	看大型晚会演出	36（37.5）	69（45.1）	22（40.0）	19（47.5）		
	看生活服务信息	18（18.8）	43（28.1）	18（32.7）	16（40.0）		
	看纪录片	34（35.4）	62（40.5）	29（52.7）	16（40.0）		
您了解人工智能主播、主持人吗？	了解，看过它们的节目	18（18.8）	13（8.5）	10（18.2）	8（20.0）	16.878	0.154
	听说过，想看看	40（41.7）	50（32.7）	19（34.5）	18（45.0）		
	听说过，不关注	29（30.2）	46（30.1）	14（25.5）	9（22.5）		
	仅听闻过	21（21.9）	53（34.6）	16（29.1）	11（27.5）		

| 问题 | 选项 | 年龄 | | | | X² | P |
		30 岁内（N=96）	31~40 岁（N=153）	41~50 岁（N=55）	50 岁以上（N=40）		
您关注人工智能主播、主持人的原因是什么？	好奇	73（76.0）	128（83.7）	38（69.1）	30（75.0）	13.776	0.131
	喜欢它们的风格	6（6.3）	11（7.2）	5（9.1）	7（17.5）		
	很有发展前景	31（32.3）	43（28.1）	22（40.0）	12（30.0）		
* p<0.05，** p<0.01							

从表 4-19 可知，不同年龄人群对于"您上网的意图是什么？""您看电视的主要意图是什么？"共两个题项的回答呈现出显著差异。具体对比差异可知：相对来看，31~40 岁样本人群上网更多的可能是收看新闻，41~50 岁样本人群更可能是收发邮件，50 岁以上样本人群上网意图性最低；同时从收看电视节目意图上看，50 岁以上样本人群看电视的意图性明显更高，50 岁以上样本人群看电视时会收看各类节目，除此之外，40 岁以下样本，他们收看电视时看综艺娱乐节目的可能性明显会更高。

3. 城市类型与人工智能主播态度卡方检验

表 4-20　城市类型与人工智能主播态度卡方检验

| 问题 | 选项 | 城市 | | | 合计 | X² | P |
		一线城市	二线城市	三线城市			
您对人工智能主播、主持人是否满意？	很满意	28（11.2）	6（16.7）	6（10.3）	40（11.6）	6.206	0.184
	一般	166（66.4）	25（69.4）	46（79.3）	237（68.9）		
	不满意	56（22.4）	5（13.9）	6（10.3）	67（19.5）		
合计		250（100.0）	36（100.0）	58（99.9）	344（100.0）		

续表

问题	选项	城市			合计	X²	P
		一线城市	二线城市	三线城市			
您认为智能主播、主持人会取代现实主持人吗？	不会	165（66.0）	23（63.9）	40（69.0）	228（66.3）	0.863	0.930
	可能会	82（32.8）	12（33.3）	17（29.3）	111（32.3）		
	会	3（1.2）	1（2.8）	1（1.7）	5（1.5）		
合计		250（100.0）	36（100.0）	58（100.0）	344（100.1）		
您会选择收看智能主播、主持人出现的节目吗？	会，图个新鲜	188（75.2）	30（83.3）	49（84.5）	267（77.6）	8.010	0.091
	不会，没意思	49（19.6）	2（5.6）	6（10.3）	57（16.6）		
	会，我很喜欢	13（5.2）	4（11.1）	3（5.2）	20（5.8）		
合计		250（100.0）	36（100.0）	58（100.0）	344（100.0）		
您听说过智能主持人"微软小冰"吗？	听说过，没用过	61（29.3）	11（42.3）	13（28.3）	85（30.4）	2.603	0.626
	听说过，关注了并时常对话	21（10.1）	2（7.7）	3（6.5）	26（9.3）		
	没有	126（60.6）	13（50.0）	30（65.2）	169（60.4）		
合计		208（100.0）	26（100.0）	46（100.0）	280（100.1）		

问题	选项	城市			合计	X²	P
		一线城市	二线城市	三线城市			
如果使用人工智能主播进行新闻配音，您能接受吗？	能，只要声音和人类似，不影响内容就行	138（66.3）	18（69.2）	33（71.7）	189（67.5）	10.295*	0.036
	能，我喜欢听和人类声音不同的机器声音	29（13.9）	8（30.8）	5（10.9）	42（15.0）		
	不能，我只能接受人类现实主播的声音	41（19.7）	0（0.0）	8（17.4）	49（17.5）		
合计		208（99.9）	26（100.0）	46（100.0）	280（100.0）		

* p<0.05，** p<0.01

从表4-20可知，不同城市人群对于"如果使用人工智能主播进行新闻配音，您能接受吗？"呈现出显著性差异。具体对比差异可知：相对来看，二线城市人群对于智能主播新闻配音的接受度最高，在一定前提下，二线城市样本基本上都可以接受人工智能主播进行新闻配音。

表4-21　城市类型与收视意图卡方检验

问题	选项	城市			X²	P
		一线城市（N=250）	二线城市（N=36）	三线城市（N=58）		
您上网的意图是什么？	收看新闻	214（85.6）	28（77.8）	54（93.1）	19.080*	0.014
	收发邮件	168（67.2）	24（66.7）	32（55.2）		

续表

问题	选项	城市			X²	P
		一线城市（N=250）	二线城市（N=36）	三线城市（N=58）		
您上网的意图是什么？	查找资料	211（84.4）	31（86.1）	44（75.9）		
	游戏娱乐	137（54.8）	11（30.6）	25（43.1）		
您看电视的主要意图是什么？	收看新闻	177（70.8）	29（80.6）	51（87.9）	17.991	0.116
	看电视剧	123（49.2）	16（44.4）	33（56.9）		
	看综艺娱乐节目	144（57.6）	20（55.6）	36（62.1）		
	看大型晚会演出	98（39.2）	16（44.4）	32（55.2）		
	看生活服务信息	65（26.0）	9（25.0）	21（36.2）		
	看纪录片	104（41.6）	15（41.7）	22（37.9）		
您了解人工智能主播、主持人吗？	了解，看过它们的节目	32（12.8）	6（16.7）	11（19.0）	2.936	0.938
	听说过，想看看	92（36.8）	15（41.7）	20（34.5）		
	听说过，不关注	71（28.4）	9（25.0）	18（31.0）		
	仅听闻过	75（30.0）	9（25.0）	17（29.3）		
您关注人工智能主播、主持人的原因是什么？	好奇	204（81.6）	26（72.2）	39（67.2）	16.347	0.012
	喜欢它们的风格	19（7.6）	4（11.1）	6（10.3）		
	很有发展前景	68（27.2）	18（50.0）	22（37.9）		

* p<0.05，** p<0.01

从表 4-21 可知，不同城市人群对于"您上网的意图是什么？"呈现出显著性差异。具体对比差异可知：相对来看，一线和三线城市样本上网收看新闻的可能性最高，同时一线城市样本上网游戏娱乐的可能性相对也最高，但是三线城市样本上网收发邮件、查找资料的可能性相对较低。

4.学历与人工智能主播态度卡方检验

表 4-22　学历与人工智能主播态度卡方检验

问题	选项	学历		合计	X^2	P
		本科及以下	研究生			
您对人工智能主播、主持人是否满意？	很满意	6（30.0）	25（12.1）	31（13.7）	8.261*	0.016
	一般	14(70.0)	141(68.1)	155(68.3)		
	不满意	0（0.0）	41（19.8）	41（18.1）		
合计		20（100.0）	207（100.0）	227（100.1）		
您认为智能主播、主持人会取代现实主持人吗？	不会	9（45.0）	134(64.7)	143（63.0）	3.788	0.150
	可能会	10(50.0)	70（33.8）	80（35.2）		
	会	1（5.0）	3（1.4）	4（1.8）		
合计		20（100.0）	207（100.0）	227（100）		
您会选择收看智能主播、主持人出现的节目吗？	会，图个新鲜	15(75.0)	168(81.2)	183（80.6）	0.631	0.729
	不会，没意思	4（20.0）	28（13.5）	32（14.1）		
	会，我很喜欢	1（5.0）	11（5.3）	12（5.3）		
合计		20（100.0）	207（100.0）	227（100.0）		
您听说过智能主持人"微软小冰"吗？	听说过，没用过	5（27.8）	48（28.4）	53（28.3）	0.020	0.990
	听说过，关注了并时常对话	2（11.1）	17（10.1）	19（10.2）		
	没有	11(61.1)	104(61.5)	115（61.5）		
合计		18（100.0）	169（100.0）	187（100.0）		

续表

问题	选项	学历		合计	X²	P
		本科及以下	研究生			
如果使用人工智能主播进行新闻配音，您能接受吗？	能，只要声音和人类似，不影响内容就行	10(55.6)	111(65.7)	121(64.7)	2.890	0.236
	能，我喜欢听和人类声音不同的机器声音	2(11.1)	29(17.2)	31(16.6)		
	不能，我只能接受人类现实主播的声音	6(33.3)	29(17.2)	35(18.7)		
合计		18(100.0)	169(100.1)	187(100.0)		
* p<0.05，** p<0.01						

从表 4-22 可知，不同学历人群对于"您对人工智能主播、主持人是否满意？"呈现出显著性差异。具体对比差异可知：相对来看，较低学历（本科及以下）样本人群，他们对于当前人工智能主播的满意度明显会更高。

表 4-23　学历与收视意图卡方检验

问题	选项	学历		X²	P
		本科及以下（N=20）	研究生（N=207）		
您上网的意图是什么？	收看新闻	15(75.0)	179(86.5)	28.738**	0.000
	收发邮件	6(30.0)	128(61.8)		
	查找资料	9(45.0)	174(84.1)		
	游戏娱乐	8(40.0)	111(53.6)		
您看电视的主要意图是什么？	收看新闻	13(65.0)	155(74.9)	12.157	0.059
	看电视剧	12(60.0)	108(52.2)		
	看综艺娱乐节目	7(35.0)	134(64.7)		
	看大型晚会演出	6(30.0)	95(45.9)		
	看生活服务信息	5(25.0)	68(32.9)		
	看纪录片	6(30.0)	92(44.4)		

问题	选项	学历		X²	P
		本科及以下（N=20）	研究生（N=207）		
您了解人工智能主播、主持人吗？	了解，看过它们的节目	5（25.0）	31（15.0）	3.762	0.439
	听说过，想看看	9（45.0）	79（38.2）		
	听说过，不关注	6（30.0）	54（26.1）		
	仅听闻过	3（15.0）	61（29.5）		
您关注人工智能主播、主持人的原因是什么？	好奇	17（85.0）	159（76.8）	1.923	0.588
	喜欢它们的风格	3（15.0）	19（9.2）		
	很有发展前景	5（25.0）	68（32.9）		
* p<0.05，** p<0.01					

从表4-23可知，本科以下学历人群上网的目的性明显会低于研究生人群，研究生样本人群上网进行各项活动的可能性均更高。

5. 小结

通过上述分析进行小结可知：相对来看，男性样本人群听说过"微软小冰"的比例明显更高。从上网意图情况上看，男性样本更可能是收看新闻、收发邮件，而女性样本游戏娱乐的可能性明显更高；从收看电视节目的主要意图情况上看，男性样本更可能是收看新闻、看纪录片，而女性样本更可能是看电视剧、看综艺娱乐节目等。年龄低于40岁的样本人群，他们听说过"微软小冰"的可能性明显会高于40岁以上样本人群；31~40岁样本人群上网更多可能是收看新闻，41~50岁样本人群更可能是收发邮件，以及50岁以上样本人群上网意图性最低；从收看电视节目意图上看，50岁以上样本人群看电视的意图性明显更高，50岁以上样本人群看电视时会收看各类节目。除此之外，40岁以下样本人群收看电视综艺娱乐节目的可能性会明显更高。

二线城市人群对于智能主播新闻配音的接受度最高，在一定前提情况下，二线城市样本基本上都可以接受人工智能主播进行新闻配音。一线和三线城市样本上网收看新闻的可能性最高，同时一线城市样本人群上网游戏娱乐的可能性相对也最高；而三线城市样本人群上网收发邮件、查找资料的可能性相对较低。较低学历（本科及以下）样本人群，他们对于当前人工智能主播的满意度明显会更高。同时针对上网意图，本科以下学历人群上网的目的性明显会低于研究生人群，研究生样本人群上网进行各项活动的可能性均更高。

（四）人工智能主播偏好卡方检验（比较差异分析）

本部分利用卡方检验（比较差异分析），去研究不同背景情况的样本人群，包括性别、年龄、城市和学历等四项，他们对于人工智能主播偏好涉及的三个题项态度上是否呈现出差异性，如果呈现出显著性差异，具体差异情况如何等，并且在分析完成后进行总结，本部分共分为五个小部分。

1. 性别与人工智能主播偏好卡方检验

表 4-24　性别与人工智能主播偏好卡方检验

问题	选项	性别		X^2	P
		男（N=207）	女（N=137）		
您喜欢智能主播、主持人播报或主持什么节目？	广播节目	107（51.7）	64（46.7）	5.946	0.203
	电视新闻节目	124（59.9）	67（48.9）		
	娱乐综艺节目	72（34.8）	47（34.3）		
	大型晚会及论坛	29（14.0）	14（10.2）		
您喜欢智能主播、主持人出现在什么类型的新闻中？	气象新闻	125（60.4）	103（75.2）	14.459*	0.013
	法制新闻	56（27.1）	40（29.2）		
	财经新闻	81（39.1）	39（28.5）		
	体育新闻	66（31.9）	34（24.8）		
	娱乐新闻	77（37.2）	49（35.8）		
您喜欢什么类型的智能主播、主持人？	虚拟智能主播（以二维或三维形式出现）	98（47.3）	57（41.6）	1.942	0.585
	机器人外观的智能主播	46（22.2）	30（21.9）		
	仿真人外观的智能主播（和真人类似）	134（64.7）	82（59.9）		
* p<0.05，** p<0.01					

从表4-24可知，不同性别人群对于"您喜欢智能主播、主持人出现在什么类型的新闻中？"的回答呈现显著性差异。具体对比差异可知：相对于男性样本，女性样本更加认可智能主播出现在气象新闻中，但男性样本对于智能主播出现在财经新闻或者体育新闻中的接受程度会更高。

2. 年龄与人工智能主播偏好卡方检验

表4-25　年龄与人工智能主播偏好卡方检验

问题	选项	年龄				X^2	P
		30岁以内（N=96）	31~40岁（N=153）	41~50岁（N=55）	50岁以上（N=40）		
您喜欢智能主播、主持人播报或主持什么节目？	广播节目	55（57.3）	82（53.6）	23（41.8）	11（27.5）	35.204**	0.000
	电视新闻节目	45（46.9）	84（54.9）	33（60.0）	29（72.5）		
	娱乐综艺节目	26（27.1）	57（37.3）	15（27.3）	21（52.5）		
	大型晚会及论坛	13（13.5）	16（10.5）	5（9.1）	9（22.5）		
您喜欢智能主播、主持人出现在什么类型的新闻中？	气象新闻	67（69.8）	106（69.3）	34（61.8）	21（52.5）	28.037*	0.021
	法制新闻	18（18.8）	40（26.1）	18（32.7）	20（50.0）		
	财经新闻	31（32.3）	52（34.0）	22（40.0）	15（37.5）		
	体育新闻	20（20.8）	48（31.4）	18（32.7）	14（35.0）		
	娱乐新闻	29（30.2）	60（39.2）	20（36.4）	17（42.5）		
您喜欢什么类型的智能主播、主持人？	虚拟智能主播（以二维或三维形式出现）	51（53.1）	69（45.1）	25（45.5）	10（25.0）	29.602**	0.001
	机器人外观的智能主播	25（26.0）	38（24.8）	9（16.4）	4（10.0）		
	仿真人外观的智能主播（和真人类似）	47（49.0）	98（64.1）	39（70.9）	32（80.0）		
* p<0.05，** p<0.01							

从表4-25可知，不同年龄人群对于智能主播节目的播报类型、节目类型、智能主播形态，均呈现出显著性差异。具体对比差异可知：针对智能主播节目播报，相对于40岁以上人群，40岁以下人群对于广播节目的接受度明显更高，而40岁以上人群对于电视新闻节目中出现智能主播的接受度会更高；对于智能主播节目类型偏好，40岁以下人群对于气象新闻中出现智能主播的接受度明显更高，而40岁以上人群对于智能主播出现在法制新闻中的接受度会明显更高；针对智能主播形态类型偏好，30岁以下人群更加偏好虚拟智能主播，而30岁以上人群对于仿真人外观智能主播的接受度明显更高，尤其是40岁以上人群。

3. 城市与人工智能主播偏好卡方检验

表4-26　城市与人工智能主播偏好卡方检验

问题	选项	城市			X^2	P
		一线城市 （N=250）	二线城市 （N=36）	三线城市 （N=58）		
您喜欢智能主播、主持人播报或主持什么节目？	广播节目	134（53.6）	16（44.4）	21（36.2）	12.947	0.114
	电视新闻节目	135（54.0）	22（61.1）	34（58.6）		
	娱乐综艺节目	80（32.0）	13（36.1）	26（44.8）		
	大型晚会及论坛	27（10.8）	6（16.7）	10（17.2）		
您喜欢智能主播、主持人出现在什么类型的新闻中？	气象新闻	174（69.6）	27（75.0）	27（46.6）	38.682	0.000
	法制新闻	56（22.4）	13（36.1）	27（46.6）		
	财经新闻	87（34.8）	10（27.8）	23（39.7）		
	体育新闻	69（27.6）	17（47.2）	14（24.1）		
	娱乐新闻	85（34.0）	17（47.2）	24（41.4）		
您喜欢什么类型的智能主播、主持人？	虚拟智能主播（以二维或三维形式出现）	116（46.4）	19（52.8）	20（34.5）	7.786	0.254
	机器人外观的智能主播	58（23.2）	6（16.7）	12（20.7）		

问题	选项	城市			X²	P
		一线城市（N=250）	二线城市（N=36）	三线城市（N=58）		
您喜欢什么类型的智能主播、主持人？	仿真人外观的智能主播（和真人类似）	154（61.6）	20（55.6）	42（72.4）		
* p<0.05，** p<0.01						

从表4-26可知，不同城市人群对于"您喜欢智能主播、主持人出现在什么类型的新闻中？"呈现出显著性差异。具体对比差异可知：相对来看，二线城市人群对于气象新闻中出现智能主播的接受度明显最高，在体育新闻或者娱乐新闻中出现智能主播，二线城市样本的接受度也较高；但是财经新闻中出现智能主播时，二线城市样本的接受度明显偏低。

4.学历与人工智能主播偏好卡方检验

表4-27　学历与人工智能主播偏好卡方检验

问题	选项	学历		X²	P
		本科及以下（N=20）	研究生（N=207）		
您喜欢智能主播、主持人播报或主持什么节目？	广播节目	5（25.0）	115（55.6）	16.912**	0.002
	电视新闻节目	9（45.0）	115（55.6）		
	娱乐综艺节目	13（65.0）	67（32.4）		
	大型晚会及论坛	4（20.0）	27（13.0）		
您喜欢智能主播、主持人出现在什么类型的新闻中？	气象新闻	9（45.0）	145（70.0）	10.931	0.053
	法制新闻	10（50.0）	62（30.0）		
	财经新闻	8（40.0）	67（32.4）		
	体育新闻	3（15.0）	60（29.0）		
	娱乐新闻	8（40.0）	78（37.7）		

续表

问题	选项	学历		X²	P
		本科及以下（N=20）	研究生（N=207）		
您喜欢什么类型的智能主播、主持人？	虚拟智能主播（以二维或三维形式出现）	6（30.0）	97（46.9）	3.852	0.278
	机器人外观的智能主播	5（25.0）	45（21.7）		
	仿真人外观的智能主播（和真人类似）	15（75.0）	125（60.4）		
* p<0.05，** p<0.01					

从表4–27可知，不同学历人群对于"您喜欢智能主播、主持人播报或主持什么节目？"的回答呈现出显著性差异。具体对比差异可知：相对于低学历（本科及以下）人群，研究生人群对于智能主播主持广播节目或者电视新闻节目表现出明显更高的认可度，但是较低学历人群（本科及以下），他们对于娱乐综艺节目中出现智能主播、主持人表现出明显更高的认可。

5. 小结

通过上述分析进行小结可知：相对于男性样本，女性样本更加认可人工智能主播出现在气象新闻中，但男性样本对于人工智能主播出现在财经新闻或者体育新闻中的接受程度会更高。针对智能主播节目播报，40岁以下人群，他们对于广播节目的接受度明显更高，而40岁以上人群对于电视新闻节目中出现智能主播的接受度会更高；对于智能主播所主持的节目类型偏好，40岁以下人群对于气象新闻中出现智能主播的接受度明显更高，而40岁以上人群对于智能主播出现在法制新闻中的接受度会明显更高；针对智能主播形态的类型偏好，30岁以下人群更加偏好虚拟智能主播，而30岁以上人群对于仿真人外观智能主播的接受度明显更高，尤其是40岁以上人群。

二线城市人群对于气象新闻中出现智能主播的接受度明显最高，在体育新闻或者娱乐新闻中出现智能主播，二线城市样本的接受度也较高；但是财经新闻中出现智能主播时，二线城市样本的接受度明显更低。相对于低学历（本科及以下）人群，研究生人群对于智能主播主持广播节目或者电视新闻节目表现出明显更高的认可度，但是较低学历人群（本科及以下），他们对于娱乐综艺节目中出现智能主播、主持人表现出更高的认可。

（五）Logistic 逻辑回归分析

此部分在于利用 Logistic 逻辑回归分析去研究样本个人基本信息对于人工智能主播替换可能性或者人工智能主播收看意愿的影响关系，并且分析样本收看电视节目原因或者关注人工智能主播原因，分别对于人工智能主播替换可能性或者人工智能主播收看意愿的影响关系。人工智能主播替换可能性分为两组，分别是会和不会被替换，分别使用数字 1 和 0 表示；类似地，人工智能主播收看意愿也分为两组，分别是收看和不收看，并且以数字 1 和 0 表示；并且在分析最后进行小结。此部分共分为五个小部分。

1. 人工智能主播替换可能性与个人信息 Logit 逻辑回归分析

表 4-28　人工智能主播替换可能性与个人信息 Logit 逻辑回归分析

项	B	S.E.	Wals	df	P 值	Exp（B）
性别（男）	0.294	0.287	1.049	1	0.306	1.341
年龄	−0.015	0.152	0.010	1	0.921	0.985
城市	−0.167	0.193	0.743	1	0.389	0.847
学历	−0.838	0.495	2.865	1	0.091	0.432
常量	1.135	1.074	1.118	1	0.290	3.112
Cox & Snell R^2	0.019					
Nagelkerke R^2	0.026					
Hosmer and Lemeshow Test（sig）	8.346（0.400）					

从表 4-28 可知：将样本个人信息（性别、年龄、城市、学历）作为自变量，而将人工智能主播替换可能性作为因变量；从中可以看出，四项

均没有呈现出显著性，P 值均高于 0.05，因而说明样本个人信息并不会对人工智能主播替换可能性产生影响关系，也即说明样本个人背景信息与人工智能主播替换可能性之间并没有关系。

2. 人工智能主播收看意愿与个人信息 Logit 逻辑回归分析

表 4-29　人工智能主播收看意愿与个人信息 Logit 逻辑回归分析

项	B	S.E.	Wals	df	P 值	Exp（B）
性别（男）	0.088	0.388	0.051	1	0.821	1.092
年龄	0.177	0.218	0.655	1	0.418	1.193
城市	0.401	0.302	1.762	1	0.184	1.493
学历	0.736	0.621	1.403	1	0.236	2.087
常量	−0.569	1.391	0.167	1	0.683	0.566
Cox & Snell R^2	0.019					
Nagelkerke R^2	0.035					
Hosmer and Lemeshow Test（sig）	2.150（0.951）					

从表 4-29 可知：将样本个人信息（性别、年龄、城市、学历）作为自变量，而将智能主播收看意愿作为因变量；从中可以看出，四项均没有呈现出显著性，P 值均高于 0.05，因而说明样本个人信息并不会对人工智能主播收看意愿产生影响关系，也即说明样本个人背景信息与人工智能主播收看意愿之间并没有关系。

3. 人工智能主播替换可能性与看节目原因 Logit 逻辑回归分析

表 4-30　人工智能主播替换可能性与看节目原因 Logit 逻辑回归分析

项	B	S.E.	Wals	df	P 值	Exp（B）
收看新闻	−0.110	0.294	0.141	1	0.708	0.896
看电视剧	0.459	0.262	3.057	1	0.080	1.582
看综艺娱乐节目	−0.577	0.264	4.767	1	0.029	0.561
看大型晚会演出	−0.201	0.263	0.584	1	0.445	0.818
看生活服务信息	0.000	0.309	0.000	1	0.999	1.000
看纪录片	−0.137	0.251	0.297	1	0.585	0.872

项	B	S.E.	Wals	df	P 值	Exp（B）
好奇	0.118	0.364	0.106	1	0.745	1.126
喜欢它们的风格	0.540	0.445	1.473	1	0.225	1.716
很有发展前景	1.012	0.319	10.033	1	0.002	2.751
常量	−0.889	0.465	3.653	1	0.056	0.411
Cox & Snell R 平方	0.068					
Nagelkerke R 平方	0.095					
Hosmer and Lemeshow Test（sig）	5.134（0.743）					

从表 4-30 可知：将收看电视节目原因或者关注人工智能主播原因作为自变量，而将人工智能主播替换可能性作为因变量；从中可以看出，模型通过"Hosmer and Lemeshow"（拟合优度检验）检验，P 值为 0.743>0.05，因而说明模型拟合情况与实际情况之间保持一致，另外，模型的 Cox & Snell R^2 为 0.068，即说明收看电视节目原因或者关注人工智能主播原因可以解释人工智能主播替换可能性 6.8% 的原因；具体分析可知：看综艺娱乐节目这项的 P 值为 0.029，并且回归系数值为 −0.577，是否看综艺娱乐节目会对人工智能主播替换可能性产生负向影响关系，也即说明相对于不看综艺娱乐节目的人群，看综艺娱乐节目的样本人群，他们对于人工智能主播替换可能性的认可度会更低。

4. 人工智能主播收看意愿与看节目原因 Logit 逻辑回归分析

表 4-31　人工智能主播收看意愿与看节目原因 Logit 逻辑回归分析

项	B	S.E.	Wals	df	P 值	Exp（B）
收看新闻	0.485	0.332	2.133	1	0.144	1.625
看电视剧	0.441	0.330	1.790	1	0.181	1.555
看综艺娱乐节目	−0.336	0.332	1.020	1	0.313	0.715
看大型晚会演出	−0.075	0.320	0.054	1	0.816	0.928
看生活服务信息	0.082	0.414	0.039	1	0.843	1.086
看纪录片	0.394	0.325	1.467	1	0.226	1.483

续表

项	B	S.E.	Wals	df	P 值	Exp（B）
好奇	18.357	4736.732	0.000	1	0.997	93800920.314
喜欢它们的风格	19.306	4736.732	0.000	1	0.997	242443937.072
很有发展前景	19.298	4736.732	0.000	1	0.997	240406377.507
常量	−17.598	4736.732	0.000	1	0.997	0.000
Cox & Snell R 平方	0.096					
Nagelkerke R 平方	0.161					
Hosmer and Lemeshow Test（sig）	6.400（0.602）					

从表 4-31 可知：将收看电视节目原因或者关注人工智能主播原因作为自变量，而将人工智能主播收看意愿作为因变量；从中可以看出，所有项的 P 值均高于 0.05，因而说明收看电视节目原因或者关注人工智能主播原因与人工智能主播收看意愿之间并没有关联性。

5. 小结

通过上述分析总结可知：个人背景信息（性别、年龄、城市、学历）与人工智能主播替换可能性或者人工智能主播收看意愿之间均没有关系。但是是否看综艺娱乐节目会对人工智能主播替换可能性产生负向影响关系，也即说明相对于不看综艺娱乐节目的人群，看综艺娱乐节目的样本人群，他们对于人工智能主播替换可能性认可度会更低；以及收看电视节目原因或者关注人工智能主播原因与人工智能主播收看意愿之间并没有关联性。

第五章　对人工智能主播应用的访谈调查

人工智能主播能否与媒体发生深度融合，是否将部分取代传统的人类主播、播音员、主持人进行播报、主持和访谈、评论，除了掌握受众的基本意向，也需要了解媒体从业人员的意见和建议。本章将主要针对中央级媒体从业人员中具备中级以上职称的编辑、记者、主持人、制片人等进行访谈，从而了解媒体一线从业人员对于人工智能主播能否在媒体语言传播中实现价值，进行深入了解。

第一节　访谈基本情况

一、访谈对象

访谈是针对在广播电视媒体领域的一线从业人员、节目管理人员等进行的。鉴于人工智能与媒体语言的融合刚刚开始，访谈受访对象集中在一线城市的中央级媒体，同时兼顾地方级媒体从业人员；受访对象多集中在电视媒体，同时兼顾新媒体；受访对象多集中于中级职称以上的媒体语言使用者，兼顾中层管理人员。鉴于受访对象的工作性质，受访群体具有多年来在媒体一线从业的经验和职业素养，能够形成对于人工智能主播是否有助于媒体语言更好地传播、是否是未来传媒行业演进的方向等问题的思考，访谈结果对于人工智能主播在传媒领域的发展有一定的参考价值。

采访对象共计18人。按所在媒体的类别统计：中央级媒体16人、地方级媒体2人；按所在媒体属性统计：电视媒体14人、广播媒体1人、新媒体3人；按媒体从业人员的工种统计：总监2人、制片人3人、主编

3人、主持人3人、导演4人、记者2人、责编1人；按服务的节目类型统计：新闻类8人、专题类8人、文化娱乐类2人；按工作所在地统计：北京市16人、深圳市1人、安徽省蚌埠市1人。

二、访谈方式

访谈采用了三种方式。

第一，网络采访。网络采访是通过在互联网软件上设定采访问题，邀请受访对象在电子采访单上回答，是本次访谈及调查所使用的主要访谈方式。

第二，面对面采访。通过联系和预约，在受访对象方便的地点进行面对面采访。

第三，电话采访。通过在电话中的提问和回答，完成对受访对象的采访内容调查。

三、访谈问题

本次访谈采用半封闭式访谈，按照同样的采访提纲，按相同的顺序进行采访，受访者可自由表达自己的想法和意见。采访提纲包括以下八项。

● 您是否听说过人工智能主播？

● 您是否看过人工智能主播播报或主持的节目？

● 您认为人工智能主播的优势在哪里？不足又是什么？

● 您认为人工智能主播能否取代人类播音员或主持人？如果可以，将会是在多少年之内？将会在哪些节目中取代人类播音员或主持人？

● 您希望如何运用人工智能主播？

● 您认为人工智能主播的启用对于媒体语言传播的规范性是否有积极作用？

● 您认为人工智能主播的启用对于媒体语言传播的时效性是否有积极作用？

● 您希望人工智能主播是什么样子的？

第二节　访谈调查结果

本次参加"您是否会启用人工智能主播播报或主持节目"访谈的共有18人，其中男性受访对象13人，占72.22%，女性受访对象为5人，占27.78%，年龄在25~55岁，其中超过半数受访对象听说过人工智能主播，但是看过人工智能主播播报及主持节目的受访对象却不足半数。

一、背景构成

（一）受访对象的性别构成

如表5-1所示，在18位受访对象中，有13位男性，5位女性。

表5-1　受访对象性别构成

选项	小计	比例（%）
男	13	72.22
女	5	27.78
接受采访人次	18	

（二）受访对象的年龄构成

如表5-2所示，受访对象的年龄范围25岁至55岁不等，其中以25~40岁的媒体从业人员为最多。

表5-2　受访对象年龄构成

年龄（岁）	小计	比例（%）
25~30	2	11.11
31~35	5	27.78
36~40	4	22.22
41~45	4	22.22
46~50	2	11.11
51~55	1	5.56
接受采访人次	18	

二、访谈结果

（一）对于人工智能主播概念的了解程度

1.知晓度情况

表 5-3 　受访对象对于人工智能主播的知晓度

选项	小计	比例（%）
是	13	72.22
否	5	27.78
接受采访人次	18	

2.关注度情况

表 5-4 　受访对象对人工智能主播关注度调查

选项	小计	比例（%）
是	7	38.89
否	11	61.11
接受采访人次	18	

（二）对人工智能主播特点的了解程度

在接受采访的 18 位受访对象当中，有 8 位受访对象表示，人工智能主播最大的优势在于其能够及时准确无误地完成播报，也就是传播广播电视媒体语言时的准确性高；有 4 位受访对象表示，人工智能主播便宜、便捷，也就是被应用于广播电视媒体语言传播的成本低；另有 4 位受访对象表示，人工智能主播能够及时有效地进行播报、主持，也就是传播广播电视媒体语言的效率高；有 2 位受访对象表示，人工智能主播的知识面广、资源占有强，也就是说人工智能主播利用和整合了大数据并进行分析，使其能够有足够丰富的知识储备，随时调用于广播电视媒体语言的传播中。另外分别各有 1 位受访对象表示，人工智能主播具有分析能力强、受众广、记忆能力强等优势。

针对人工智能主播的不足，有 9 位受访对象表示，人工智能主播没有情感，缺乏人性化的设置，也就是说受众对于人工智能主播在富有情感地传播广播电视媒体语言方面的能力表示担忧；有 5 位受访对象表示，人工智能主播应变能力差、灵活性差，可能表现僵硬、无感，也就是说受访对象对于人工智能主播在进行播音与主持时应对突发事件的应变能力、反应能力表示担忧；另有 2 位受访对象表示，人工智能主播的表情没有主持人丰富、个性化程度低，也就是说，对于人工智能主播的副语言传播能力，能否达到自然、流畅地配合有声语言进行传播这一问题，受访对象表示出疑问。

表 5-5　访谈结果第一部分

序号	性别	年龄（岁）	访谈结果第一部分
1	女	36~40	优势是效率，但是怀疑它难以具备随机应变能力。
2	男	36~40	省钱；没人性。
3	男	41~45	优势是它的记忆能力；不足是它的应变能力。
4	女	46~50	优点：及时准确无误地完成播报。 不足：没有情绪，表情感染力缺乏。
5	男	31~35	（空缺）
6	男	41~45	资源的占有和分析。人性化与个性化。
7	男	41~45	不出错。没人文气息，机械没味道。
8	男	36~40	知识面广。不足是缺少情感。
9	男	31~35	优势在于很精密，弱点在于缺乏人性化。
10	女	25~30	不犯错。不足是没人情味儿，大众认可时间长。
11	男	25~30	优势是准确性强；不足是灵活性差、应急性差。
12	男	46~50	便宜，准确；不足可能是僵硬，无感。
13	男	51~60	便捷高效，但僵硬化、程式化。
14	男	41~45	优势是受众大，但话题和涉及面少。
15	男	36~40	（空缺）
16	女	31~35	表情没有真正的主持人丰富。
17	男	35~40	不会出错，没有情感。
18	女	31~35	效率高、成本低、不易出错；个性化程度低。

（三）对人工智能主播发展前景的思考

对于人工智能主播是否能够代替人类播音员及主持人，完成广播电视媒体语言的传播，在18位受访对象中，除去2位无效空缺答案，从16位回答了此问题的受访对象回答内容来看，有11位受访对象表示，人工智能主播将替代或逐渐替代人类主播进行媒体语言的播报及主持。持这一观点的受访对象还认为，人工智能主播将在新闻资讯类节目中首先替代现有的人类播音员，比如天气预报、午夜新闻直播节目、财经节目等，并在谈话及主持类节目中，取代部分主持人；有1位受访对象认为，这个逐步替代的过程将发生在五年之内；有1位认为，十年之内；还有1位受访对象认为，在二十年后，人类播音员和主持人将被人工智能主播完全替代。

另有5位受访对象认为，人工智能主播无法取代人类播音员和主持人。

表5-6　访谈结果第二部分

序号	性别	年龄（岁）	访谈结果第二部分
1	女	36~40	不能完全取代。
2	男	36~40	不能取代，在新闻节目中将取代。
3	男	41~45	不会取代。
4	女	46~50	能取代现有大部分播音员，取代部分主持人。在三年到五年时间。首先取代新闻播报。
5	男	31~35	（空缺）
6	男	41~45	按照现有趋势，十年之内。在气象、体育比赛、财经等方面。
7	男	41~45	取代不了。天气预报。
8	男	36~40	肯定能取代人类。将在二十年后全面取代。
9	男	31~35	不能取代。
10	女	25~30	不会完全取代。天气预报这种程式化节目可以。
11	男	25~30	能替代，五年之内，新闻类节目。
12	男	46~50	目前的技术水准下不可能。天气预报之类的节目，深夜的直播节目或许有些用武之地。
13	男	51~60	不可想象会完全取代，有可能在一些资讯类节目中应用。

序号	性别	年龄（岁）	访谈结果第二部分
14	男	41~45	可以取代但要看网络和监管。
15	男	36~40	（空缺）
16	女	31~35	也许将来可以取代。目前来看不可能。
17	男	35~40	不会取代。
18	女	31~35	新闻类节目。

（四）对人工智能主播在媒体应用的设想

在 18 位受访对象中，有 16 位针对这一问题给出了有效答案。其中，对于"您期望如何应用人工智能主播"，有 4 位受访对象表示，可以在初期进行新闻节目的播报，以及在广播节目中应用；另有 3 位受访对象表示，可以与真人主播组成联合播报体，使人工智能主播成为辅助播报员；有 2 位受访对象表示，可以应用在人工智能优于人类的节目内容中，比如注重资料整理与分析的节目里；另有 1 位受访对象表示，可以应用在贴合大众的文化生活类节目中；还有 1 位受访对象表示，可以应用于动漫和科技节目中。

表 5-7　受访对象将如何运用人工智能主播传播媒体语言的结果

序号	性别	年龄（岁）	访谈结果
1	女	36~40	没想好。
2	男	36~40	人工智能。
3	男	41~45	用它来播新闻。
4	女	46~50	初期可以与真人组成联合播报，成为辅助播报员。
5	男	31~35	（空缺）
6	男	41~45	突出人工智能优于人类的方面，如资料整理与分析等。
7	男	41~45	整理与分析等。
8	男	36~40	人工智能和主持人互为补充。
9	男	31~35	没想过。
10	女	25~30	这个没想过。
11	男	25~30	听电台。

续表

序号	性别	年龄（岁）	访谈结果
12	男	46~50	没想好。
13	男	51~60	公共场所。
14	男	41~45	方便大众的文化生活节目。
15	男	36~40	（空缺）
16	女	31~35	动漫、科技节目。
17	男	35~40	内容与形式相统一。
18	女	31~35	新闻节目，搭配播音员、主持人主持。

（五）关于人工智能主播与媒体语言传播规范性的访谈结果

在18位受访对象中，收回的有效采访答卷是16份。其中，有10位受访对象认为人工智能主播的应用对于媒体语言传播的规范性将有正向积极的作用，然而有3位受访对象认为没有积极作用，其中1位受访对象认为语言过于规范也许会成为禁锢和束缚。

表5-8　人工智能主播对于媒体语言传播规范性的影响

序号	性别	年龄（岁）	访谈结果
1	女	36~40	是。
2	男	36~40	两面性。
3	男	41~45	有。
4	女	46~50	并不认同，语言过于规范也许会成为禁锢、束缚。
5	男	31~35	（空缺）
6	男	41~45	是。
7	男	41~45	起不了积极作用。一码是一码。
8	男	36~40	不确定。
9	男	31~35	有。
10	女	25~30	不知道。
11	男	25~30	是。
12	男	46~50	可能有。
13	男	51~60	应用不当会走向其反面。

序号	性别	年龄（岁）	访谈结果
14	男	41~45	尚可，应该用普通话。
15	男	36~40	（空缺）
16	女	31~35	没有。
17	男	35~40	有。
18	女	31~35	是。

（六）关于人工智能主播与媒体语言传播时效性的访谈结果

在 18 位受访对象的回答中，有 16 位对于这一问题给出了答案。其中，有 12 位受访对象表示，人工智能主播的应用将对于媒体语言传播提高时效性有正向积极的作用；另有 2 位受访对象给出了相反的回答，认为人工智能主播的应用对于提高媒体语言传播的时效性没有积极作用；另有 1 位受访对象表示不知道；有 1 位受访对象表示积极贡献微乎其微。

表 5-9　人工智能主播对于媒体语言传播时效性的影响

序号	性别	年龄（岁）	访谈结果
1	女	36~40	是。
2	男	36~40	有。
3	男	41~45	没有。
4	女	46~50	是的。
5	男	31~35	（空缺）
6	男	41~45	是。
7	男	41~45	时效性是多工种综合反映的结果，光靠人工智能主播，显然对时效性的贡献微乎其微。
8	男	36~40	是。
9	男	31~35	有。
10	女	25~30	不知道。
11	男	25~30	是。
12	男	46~50	应该有。
13	男	51~60	单纯时效性而言应不排除这种可能。

第五章　对人工智能主播应用的访谈调查

序号	性别	年龄（岁）	访谈结果
14	男	41~45	有积极作用但需要规范。
15	男	36~40	（空缺）
16	女	31~35	没有。
17	男	35~40	有。
18	女	31~35	是。

（七）对于人工智能主播外观形态的期望

对于人工智能主播究竟以何种面貌出现在广播、电视节目中，才能更容易被受众所接受，18位受访对象中的16位给出了答案。有9位受访对象表示，智能主播的外形设计应该和人类相似，也就是"类人"。其中，有3位受访对象表示，希望智能主播的外形是"美女"和"高颜值"，也就是外形靓丽、与人类相似的智能主播更易被受众接受；另有3位受访对象表示，希望能够达到个人订制的目标，也就是说，人工智能主播的外形能够随着科技的发展，实现个性化的选择；另有1位受访对象表示，希望人工智能主播是卡通类型的人物；还有1位受访对象表示，只要是看不出是人工智能的主播都可以，也就是说外形只要不是传统意义上的机器人外形，就能够被其接受。

表5-10　您对人工智能主播作为媒体语言传播载体在形态上的期待

序号	性别	年龄（岁）	访谈结果
1	女	36~40	和普通人一样。
2	男	36~40	人的样子。
3	男	41~45	美女。
4	女	46~50	最好是可以实现个人订制。
5	男	31~35	（空缺）
6	男	41~45	美女。
7	男	41~45	由节目风格而定，没有统一模式。
8	男	36~40	当然是高颜值。
9	男	31~35	没考虑过。

序号	性别	年龄（岁）	访谈结果
10	女	25~30	人的样子。
11	男	25~30	类人。
12	男	46~50	智能到和人差不多才可以。
13	男	51~60	喜剧小品角色式的。
14	男	41~45	与时俱进。
15	男	36~40	（空缺）
16	女	31~35	卡通类型的人物，最好是有名的卡通形象。
17	男	35~40	看不出是人工智能的人工智能主播。
18	女	31~35	只要是真正的智能，样子没关系。

第三节　访谈调查的结论

此次调查访谈得出以下结论。

第一，人工智能主播作为广播电视媒体语言传播的新载体，具有发展空间。

通过18位受访者的访谈发现，在广播电视媒体工作的从业人员，对于人工智能和媒体行业融合，特别是这种融合演进成为人工智能主播、人工智能记者，从而传播广播电视媒体语言的趋势是抱有积极态度的。也就是说，从媒体的管理层到一线工作人员，都能够用开放和包容的心态接纳这一新事物对媒体发生的变革，也都认为人工智能主播无疑将逐步在各类节目中成为广播电视媒体语言传播的新载体。

第二，人工智能主播或将以新闻主播的角色进行媒体语言传播。

大部分受访对象在访谈中表示，以目前的科技发展程度，人工智能主播能够率先在新闻节目中崭露头角，其中包括气象资讯、财经新闻、体育新闻等，也或将在午夜新闻中替代人类主播进行播报。同时，在新闻节目中，人工智能主播也可以辅助播音员进行播报。

第三，人工智能主播对于广播电视媒体语言传播具有积极作用。

在访谈中，大部分受访对象对于人工智能主播在推动广播电视媒体语言发展方面起到的积极作用表示认可。受访者多认为，人工智能主播的出现及应用将有助于广播电视媒体语言的规范性提升，也就是说从某种程度上杜绝了错误读音等人类播音员、主持人常犯的错误；同时，鉴于人工智能主播具有大数据整理和分析的能力，它将在某种程度上提升媒体语言传播的时效性。并且，在接受采访的 18 位中央及地方媒体的从业人员中，大部分受访者对于人工智能主播的荧屏形象是能够接受的，期望值是在和人类相似的基础之上，进行个性化的设计以及与栏目风格相匹配的订制。

第六章　人工智能主播的语用模式和趋势

第一节　人工智能主播的语用模式

人工智能主播的出现及广泛应用是人工智能技术与媒体融合的具体体现，只不过人工智能主播究竟能否在媒体行业独当一面成为广播电视语言的传播载体，还是仅作为新生事物在荧屏上昙花一现，值得学界和业界进一步研究和探索。通过对人工智能主播的发展现状梳理、分类和特点分析、语言创作手段分析，以及受众对于人工智能主播的认知度、偏好度的调查，再加上对广播、电视及新媒体一线从业人员的专业调查得出的访谈结论，本研究认为人工智能主播作为人工智能与媒体融合的产物，是具有发展前景的，它经过一定的时间发展，将会逐步取代人类播音员和主持人，或配合人类播音员和主持人进行媒体语言的传播。以下将对人工智能主播更适合在哪些节目中进行广播电视媒体语言的传播进行语用模式的初步设计。

一、应用于广播电视语言的内容生产

人工智能技术的核心是数据挖掘。媒体的受众分析将比以往更精准，内容的聚合与分发将更加精准化、智能化、对象化、个性化，通过大数据挖掘技术以及个人信息行为的追踪，媒体可以做到为用户实现智能推荐，实现个性化的订制，针对每个订阅用户的专属评论，订制个性化的报道内容，已经成为现实。①

------

① 梁智勇、郑俊婷：《人工智能技术对新闻生产的影响与再造》，《中国记者》2016年第11期，第4页。

（一）按照程序和模式形成媒体语言文字内容

人工智能技术在整合和分析数据方面具有优势。传统的播音员、主持人在进行播报和主持的时候，都是需要编辑或记者提前准备好稿件，之后经过播音员和主持人的二度创作，进行播报或主持。即便是播音员或主持人的腹稿也需要一定的时间进行准备和形成文稿。

相比传统的播音员和主持人，人工智能主播具有瞬间反应、迅速生成，在短时间内能够处理海量数据，并且不易出错的特点。人工智能主播在进行内容生产时，依靠的是云计算和大数据分析，依赖于一个或多个采集存储了大量高质量数据的庞大数据库。[①]在人工智能主播从数据库和语料库中找到符合节目生产的数据信息之后，通过结构化和程序化的处理和内容的模板设定，就能够对广播电视语言的内容进行迅速且有效的整合、编排、生产。

（二）按照仿真人技术模拟人类广播电视媒体语言风格

对大数据的分析和处理是人工智能主播完成媒体语言内容生产的基本工作，如何使机器语言更符合人类的语言习惯，则需要使媒体语言自动生成符合人类逻辑思维的内容。自动生成包括原因、结论、推测等深度分析的内容，同时，若添加、串联不同语言风格的语料库，在出色的语义分析技术带动下，将内容生成为更加丰富的自然语言，内容输入也需要呈现多样性、个性化，以适应不同社会阶层或年龄段的受众群体。[②]

（三）运用智能语音技术进行媒体语言的语音生成

智能语音技术包括语音合成、语音识别、语义理解、自然语言处理等内容。[③]在人工智能主播对节目内容完成了生产之后，接下来就需要对媒体语言进行声音的生成。与早期的虚拟主持人不同，人工智能主播的语音生成系统完全不需要人类播音员与主持人在幕后配音，而是通过智能模拟人声的技术达到机器高度模拟人声的效果。

人工智能技术应用于媒体，产生了智能主播、智能记者，在推动媒体语言生产方面，工作效率提高了。美联社于 2014 年 7 月开始用写稿软件

---

① 卢永春：《人工智能推动媒体转型》，《中国报业》2015 年第 23 期，第 27—29 页。
② 卢永春：《人工智能推动媒体转型》，《中国报业》2015 年第 23 期，第 27—29 页。
③ 胡郁、袁春杰、王玮：《人工智能技术在传媒领域的应用——以智能语音技术为例》，《新闻与写作》2016 年第 11 期，第 15—17 页。

Wordsmith 平台撰写财报文章，每个季度撰写三四千篇，相当于人工同类报道的十四倍，Wordsmith 每周撰写数万篇新闻报道。[1] 新华社正式推出的"快笔小新"可以快速完成体育赛事、中英文稿件、财经信息稿件的自动撰写。[2] "微软小冰"能够在每天的气象节目中依靠大数据的分析生成每日生活趣闻评论等。这些都是人工智能技术推动媒体语言生产的积极案例。

二、应用于广播电视语言的传播手段

广播电视媒体语言的传播价值在于用最及时有效的方式，让受众吸收到具有多样性、广泛性、重要性的信息。人工智能主播在传播的时效性和准确性方面，无疑具有很大优势。

（一）提高媒体语言传播时效性

对于广播电视节目而言，节目内容和时效性、传播力都是衡量节目质量的重要因素。人工智能主播即时生成节目内容并完成内容传播的特点，对于部分突发新闻、即时评论、需要旁征博引文献资料的节目等，都是有积极作用的。

以"微软小冰"为例，在《看东方》节目中，"小冰"的天气播报完全是由系统联网实时生成的，并不是事先录好之后才在电视上播放的。微软公司在节目每次直播的过程中，会在现场派驻一位技术员工，负责处理一些应急情况。但是除此之外，不会对"小冰"做任何人工干预。[3]

"科大讯飞"于 2015 年年底推出了专门用于录音整理的转写平台，比如主持人与嘉宾的采访内容录音，一小时的音频内容，在这个软件的帮助下只需要五分钟就可以转成文本，而如果用手动速记的方式则需要四个小时才能完成所有音频内容的录入，这种软件比人工听打方式提高了四十七倍。在全媒体时代，几乎所有的广播、电视节目都有了自己的网络版本，为了更好地进行传播，网络版本不但要有动态视频，也要有文稿的对应，以便受众能够一目了然地了解内容。在人工智能主播与自动录入系统的共

① 陈昌凤:《人机大战时代，媒体人价值何在》,《新闻与写作》2016 年第 4 期，第 45—48 页。

② 卢永春:《人工智能推动媒体转型》,《中国报业》2015 年第 23 期，第 27—29 页。

③ "挤掉美女主播，微软'小冰'东方卫视播报天气"（2015 年 12 月 22 日），http://www.techweb.com.cn/internet/2015-12-22/2244949.shtml。

同作用下，高效率地完成节目内容的生产与传播，是指日可待的。

（二）提升媒体语言传播规范性

根据播音主持规范性的要求，播音员、主持人要牢固树立责任意识，自觉维护祖国语言文字的纯洁，树立良好的行业内外形象。其中，播音员、主持人对大量的生僻字、多音字等需要有一个完整的认知以及明确的了解。但是，在实际的工作当中，从中央级广播、电视媒体到省级广播、电视媒体，再到新媒体，时常出现读音差错、字幕差错等问题。人工智能主播应用于语音识别系统，能够按照最新版《现代汉语词典》中的正确读音进行录入，从技术上规避错误读音的可能。

三、适用的节目形态

根据人工智能主播的特点，其能够在适合的节目类型中发挥出最大优势。

（一）新闻类节目的播报及配音

新闻，也称消息，是指通过报纸、电台、广播、电视台等媒体途径所传播信息的一种称谓，是记录社会、传播信息、反映时代的一种文体。从新闻的组成部分来看，通常结构是由"标题""导语""正文""同期声""结尾"等几个重要部分组成的。其中，有些新闻是不需要同期声的，正文部分也就是解说词的部分贯穿了始终。

新闻是广播、电视节目中比重最大的一个部分，新闻事件每天都在发生，新闻报道则是用客观、公正、简洁的媒体语言对事件进行真实记录和描述的语言文字片段，相对其他节目来讲，不需要过多的评论，也不需要过多的感情渲染。

结合新闻资讯自身的语言特点，人工智能主播在新闻类节目中的应用是可行的。新闻节目自身的语言结构如同其内容结构一样，具有一定的模式和模板。其中，特别是对数据信息要求较高的气象新闻、体育新闻、财经新闻等，则是人工智能主播初步取代人类播音员和主持人进行广泛应用的领域。

正如"小冰"已经成为东方卫视的一名气象主播，它就是人工智能产品被设计为主播的成功案例，也是最具代表性的案例。通过对"小冰"媒体语言的监测发现，"小冰"每天播报主持的内容都有一套固定的模板。

首先，回答主持人的提问，并预测第二天的天气；其次，对当天大数据整合出的热点新闻进行时事评论；最后，如果当天是某个节日，或有特殊寓意的日子，"小冰"就会对这一天的历史事件、传统习俗等进行介绍。

按照程序的设定，人工智能主播在内容模式化强、大数据要求高的节目中将有建树。在财经类新闻方面，腾讯公司研发的写稿机器人已经能够替代财经记者完成对财经新闻的创作，驾驭财经类新闻内容已经不是技术范围难以攻克的难题。

就体育新闻而言，也是人工智能主播即将拓展的一个领域。鉴于体育新闻关注比分和输赢的特点，在普通的体育赛事新闻中，人工智能主播也将发挥语言内容生产及传播的优势。

在实际的应用领域，有若干知名国际媒体已经尝试启动人工智能进行新闻的写作。如路透社使用 OPENCALAIS 的智能解决方案，《纽约时报》使用 BLOSSOM 分析大数据推荐好文章，《华盛顿邮报》应用 TRUTHTELLER 专职核查新闻，《洛杉矶时报》使用智能系统应对地震等突发事件，《卫报》使用 OPEN001 软件进行内容筛选、编辑排版并最终生成报纸等。[①] 按照这种趋势，在不久的将来，人工智能技术将能够更好地实现媒体语言的自动生成及即时播报，在体育报道、财经报道、房地产分析报告、民意测验、市场调研报告等比较容易实现标准化媒体语言内容生成的领域，人工智能主播将成为主要创作主体。

除了实时播报新闻资讯类节目之外，人工智能主播也能够承担大量的新闻撰写及实时配音工作，这将极大地解放后期编辑的生产力，提高新闻资讯生产效率，或将减少新闻资讯的重合度，能够完成更丰富的新闻资讯内容。

（二）综艺类节目的辅助主持人

本研究认为，综合人工智能主播的现状、特点及受众喜好分析，以及人工智能语音技术目前的发展成果，人工智能主播除了进行新闻类节目的播报和配音之外，还可以在综艺类节目中，包括娱乐节目、晚会等，搭档真人主持人，成为辅助主持人。

---

① 梁智勇、郑俊婷：《人工智能技术对新闻生产的影响与再造》，《中国记者》2016 年第 11 期，第 23 页。

成功的案例有江苏卫视的《蒙面唱将猜猜猜》节目，在这档娱乐节目中，全程都有一款智能机器人"小V"。在需要整合、对比和分析歌手声音数据时，"小V"就会在现场进行实时的分析和播报。但是，目前江苏卫视《蒙面唱将猜猜猜》节目并没有给"小V"定义为人工智能主播的身份，"小V"所承载的媒体语言传播功能也较弱，"小V"的机器语音功能距离模拟人声仍有较大差距。

然而，可以预见的是，通过技术的调整与节目的设计，人工智能主播目前的技术水平在辅助人类主持人进行综艺节目的语言传播方面，不存在技术性困难和障碍。然而，如何使人工智能主播更好地发挥"智能"的特点，需要媒体从业人员更好地进行节目环节的设置，让人工智能主播能够传播更多的有效信息，更好地胜任媒体语言传播载体的功能。

（三）时事热点问题的评论员

人工智能主播通过整合大数据和云计算的特点，及时有效掌握数据的特征，使它在针对热点、焦点事件的评论上有着很强的优势。比如针对"特朗普下令扩大遣返非法移民，范围波及约1100万人"这样的新闻，人工智能主播能够通过对关键词的搜索热度排行，选取有代表性的内容，进行整合和评论。这种只依靠数据而不是主观筛选出的评论，更能吸引受众。但需要注意的是，评论的内容要在合法、合理的框架内进行。

第二节　人工智能主播的不足和缺陷

就目前人工智能主播的研究及应用来看，人工智能主播不会在短期内全面取代人类播音员、主持人已经成为普遍认可的观点。原因在于，人工智能主播目前仍然存在无法逾越的技术瓶颈。

一、不具备思考能力和价值观

目前，人工智能主播对于广播电视媒体语言的播报，还停留在对数据的总结层面，纵使人工智能主播在语言结构和语言表达方面，能够达到高度模拟人类、模拟人声的效果，但是人工智能主播的智能化还无法真正媲美人类大脑的思维水平、思想价值以及人文审美。"机器可以根据格式和语法规则写一首诗或一篇小说，但全世界的数据加起来，也无法让一个程序理解爱、悲伤或恐惧。"①

　　广播电视媒体语言传播的意义在于通过语言文字的内容，传播一种信息，表达一种思想，展示一种价值观。这需要播音员、主持人、记者、编辑具备全面的知识储备、气质修养，才能够真正创作出有水平的媒体内容。同时，广播电视媒体语言所承载的内容，需要具备正确的导向性，通常这需要语言传播载体在一定的认知积累上进行把关和判断，人工智能主播在导向性的把握上仍有很大不足。

　　目前，受人工智能技术发展的限制，人工智能主播还不能在语言创作时达到一定程度的人文思考高度，随着技术的进步，机器学习功能的日渐完善，这一难关也不是完全不能攻克。

二、不具备真实的情感

　　真实的情感是媒体语言创作的核心，是有声语言表达的支柱。对于广播电视媒体语言传播，对创作主体的内心感受和情感调动是有要求的，只有在语言传播时融入了真实的情感，才能更好地对传播内容进行理解，更好地将传播内容进行表达，同时才能引起受众的共鸣。

　　情感表达分为内心感受和情感调动。内心感受是指语言表达者通过稿件文字和文字间的相互关系，感受到其代表的客观事物及它们之间的活动。只有带着真实感受、感情对语言内容进行理解，才是更好地进行表达和传播的基础。媒体语言的传播载体，对于语言表达者光停留在对稿件和所表达内容的理解上是不够的，光是理解，没有感受，讲出来的内容只能是干巴巴的，通过感受，发出的有声语言才能活起来，才有生命力。

　　在对广播电视语言传播者——播音员、主持人进行专业培训的时候，对于情感调动的内部表达技巧，如"情景再现""内在语"的理解，"对象感"的运用等有着严格的要求和指导，同时对于情感的外部表达技巧，如"停连""重音""语气""节奏"的把握也有可以训练的方式和方法。

　　那么，对于人工智能主播而言，首先，其本质是机器，是不具备生物的情感属性的，其本身对于文稿的理解仅限于机械地、程序化地，无法达

①　卢永春:《人工智能推动媒体转型》,《中国报业》2015 年第 23 期, 第 27—29 页。

到带着感情去消化语言内容的程度；其次，即便是在人工智能技术能够掌握情感表达的外部表达技巧的情况下，人工智能主播也暂时无法在表达过程中，根据语境、语义的不同，进行精准的情感融入。特别是在对情感调动节目有高要求的综艺类、专题类节目中，人工智能主播以目前的技术水平还无法胜任这一类节目的媒体语言传播载体工作。

三、对数据库的依赖性高

人工智能主播能够进行媒体语言内容生产和传播的基础是基于对数据的整合和分析。平台数据积累的大小、质量、类别等，都是影响人工智能主播进行内容生产的因素。如果语料库、数据库出现了缺失或者逻辑运算出现差异，都很可能导致不同的内容输出结果。

第三节　人工智能主播的发展趋势

人工智能技术在传媒领域的应用正在不断深化。人工智能主播将在一定程度上解放部分媒体从业人员的生产力，使这部分媒体从业人员能够集中精力在更多需要人类思考、判断和总结分析的内容生产上。人工智能技术将使广播电视语言的生产更加高效便捷，受众行为分析更加精准，媒体语言传播效果更加优化。

有学者认为，随着人工智能技术从弱人工智能向强人工智能的转变，人性、人类的深刻理解和创造力也是人工智能技术将突破的一个技术难关。人工智能技术将在媒体领域的更多工作中代替人类。有研究显示，未来大多数读者将无法分辨自动写作软件和记者撰写的某些报道，也有预测认为，在五年之内机器人所撰写的文章就能获得"普利策"新闻奖，将来90%的新闻稿将由机器人撰写。[1]

---

① 卢永春:《人工智能推动媒体转型》,《中国报业》2015 年第 23 期，第 27—29 页。

一、从流水线生产走向个性化订制

人工智能主播伴随着人工智能技术的进步，将在传媒领域承担更多媒体语言传播的责任。新闻节目、专题节目、综艺节目中，都将因为人工智能主播的应用而提高生产效率，提高传播时效性和规范性。

（一）播报和主持内容的个性化订制

伴随着更精准的数据分析，受众的倾向都掌握在云端，精准化、智能化、对象化、个性化将成为新闻机构为用户进行精准订制的基础数据。

在融媒体时代，广播、电视媒体和新媒体正在融为一体，传统媒介中的广播、电视节目都拥有自己的新媒体门户网站以及手机推介平台。手机移动客户端这个媒介，将加速内容订制的个性化。未来的人工智能主播或将根据每一位受众的关注点，进行专属的评论和订制化的报道。

（二）外形的个性化订制

这种个性化的订制不仅限于媒体语言的内容，对于人工智能主播的外形，个性化订制也是必然趋势。作为媒体语言传播者，人类播音员、主持人有着不同的语言风格、性格特征，有的人还能掌握多门外语，有的人拥有特定的民族背景，不同的风格拥有着不同的受众群体。人工智能主播如果只是千篇一律，以一种面貌示人，难免会给受众带来枯燥、乏味的感官体验，必然会影响媒体语言传播的效力。以目前的技术，将人工智能主播设计为多种外形模式并不存在过多的技术困难，特别是对于虚拟的人工智能主播，更容易在技术上接受不同受众的个性化订制。未来，人工智能主播或将拥有成千上万种版本，成为广大受众的私人服务型智能主播。

二、从弱人工智能走向强人工智能

人工智能主播缺少真实情感、价值观、人性等问题，目前来看依然是制约人工智能主播发展的一道鸿沟，人类的理解能力以及创造能力是机器难以学习的。但是，事物是不断发展的。未来的机器人必将越来越智能化。未来的五年到十年，"脸书"公司的人工智能发展目标是实现由机器完成某些需要"理性思维"的任务。[1] 人工智能先驱皮埃罗·斯加鲁菲在

---

[1]　俞灵琦：《人工智能时代到来，将掀起何样的浪潮》，《华东科技》2016年第11期，第21页。

《2017未来媒体报告》中指出，未来媒体的十大趋势是：用户体验技术、大数据、新内容时代、流媒体、手机应用、虚拟现实和增强现实共舞、创客文化、货币化、新平台、人工智能与机器人写作。[①]

　　综合人工智能主播的发展现状以及学界各种观点分析，未来的媒体语言内容生产者很大程度上将由人工智能主播、记者、编辑、配音人员等来完成。而人类则将更多地承担把技术生成的信息分类、提炼和升级等工作。

　　未来，全媒体运营和内容生产方式将会相互作用，媒体语言传播载体向智能化的演进将给媒体行业的格局、经营状况、人事管理等多方面带来深远影响。

---

　　① 李钊：《人工智能先驱预测未来媒体十大趋势》，《科技日报》2016年第10期，第9页。

结　论

第一节　主要结论

人工智能主播作为人工智能技术与传媒行业融合的新事物，从虚拟主持人出现伊始，正在不断地融入以广播、电视为主的传统媒体和以网络为主的新媒体媒介中。通过对人工智能主播发展历程、分类及特点的梳理以及对其媒体语言创作手段的分析，发现业界对人工智能主播的应用目前还停留在一种初步尝试的状态，这与人工智能主播的短暂发展历史有关，但值得注意的是，这与人工智能技术本身发展的水平和速度并不成正比。

在作为广播电视语言载体的功能体现上，"小冰"算是一个较为成功的案例，"小冰"在上海东方卫视播报气象新闻，并对每天的生活热点进行评论，是一种完全依靠智能技术进行实时传播媒体语言内容的新探索，证明了人工智能主播在新闻类节目中完全能够独当一面，毫不逊色地成为广播电视语言的新传播载体。除了"小冰"之外，人工智能主播还没有被广泛地应用到节目的长期播报和主持中来，这需要业界和学界的共同努力，使人工智能和媒体的融合真正成为提高媒体内容生产效率以及提升媒体语言传播效力的引擎。

广大受众针对人工智能主播的意向偏好调查结果是积极的。通过三百余份有效样本，表示会收看人工智能主播播报及主持节目的受众样本达到83.4%。数据显示，受众样本对于人工智能主播未来参与的节目形态、传播方式等都有着不同程度的期待。整体来看，仿真人类型的人工智能主播的受众偏好度最为突出。

而在媒体业内，媒体管理层和一线新闻采编工作者对于人工智能主播的应用和发展有着更结合实际的思考。本研究中采访的媒体从业人员普遍认为人工智能主播将在新闻类节目中得以最大价值地发挥媒体语言传播载体的特点。

综合人工智能主播的发展现状、受众的意向调查报告、媒体从业人员的访谈调查以及目前针对人工智能主播的期刊文献和新闻报道，可以预见，未来人工智能技术与媒体融合的速度还会加快，对于媒体自身的变革来说，传媒行业在内容生产上的人工智能化将在很大程度上成为下一个风口。从新闻类节目开始，人工智能主播或将逐步取代人类播音员、主持人，承担起更多媒体语言传播载体的重任。

第二节　思考和建议

人工智能技术的优越性显而易见，但是其缺陷和不足也是制约其发展的重要因素，如何发挥其优势，使其更好地为传媒行业服务，值得业界和学界在未来进一步研究。人工智能主播如果能够被得体、恰当地应用，无疑是一件提高传媒行业整体运转效率的大事件。人工智能主播目前的研发和应用仍然处于探索之中，未来，人工智能主播的媒体语言发展规划一旦设计成熟，为媒体行业带来的很可能是颠覆性、革命性的变化，因此，业界对人工智能主播的使用暂时还较为谨慎。

从研究者的角度来看，如果接下来进一步就人工智能主播在细分领域的应用做出更好的设计，提出更有效的方案和规划，或许能够使研究成果更利于转化，为人工智能主播的实际发展需要提供更多参考依据。

一、形成人工智能主播媒体语言发展规划

针对人工智能主播目前频繁出现在传统媒体及新媒体中的发展现状、规律及趋势，结合媒体语言学中语言传播创作手段的特征和属性，可形成针对人工智能主播的媒体语言发展规划，用一种完整的、科学的、有实践指导价值的体系为人工智能主播在广播、电视及网络媒体中的发展建立指南。

二、建立人工智能主播进行媒体语言传播的管理办法

针对人工智能主播将越来越多地参与到媒体语言的内容生产中、成为媒体语言传播的一个重要环节这一现象，该如何监督和管理依然是空

白。未来，随着人工智能主播在媒体行业的大规模应用，关于人工智能主播的工作规范、应用规定、法律法规等相关管理办法，需要相关部门尽快建立。

第三节　不足和展望

人工智能主播是人工智能技术向媒体演进的新产物，它也成为了人工智能时代在全媒体中语言传播的新载体。这一新事物既有无限的发展空间，也有着一定程度的不确定性。

本研究尚存在一些不足，主要表现在以下几点。

一、在交叉学科领域的研究结论尚浅

本研究涉及广播电视语言学、计算机科学、哲学、心理学，对于人工智能技术在传媒领域的应用及特点，还处于较浅的理解，如有可能未来将加深在这方面的理解和研究。

二、对从业人员的访谈不够深入

本研究对媒体从业人员的调查研究不够深入，今后应更广泛地展开针对媒体从业人员的问卷调查，并对个案进行更深入的访谈，以丰富研究的内容。

参考文献

一、中文专著

［1］蔡自兴、徐光祐:《人工智能及其应用:研究生用书》,清华大学出版社 2004 年版。

［2］蔡自兴等:《人工智能及其应用（第五版）》,清华大学出版社 2016 年版。

［3］蓝纯:《语言学概论》,外语教学与研究出版社 2009 年版。

［4］王红旗:《语言学概论（修订版）》,北京大学出版社 2008 年版。

［5］姚喜双:《媒体与语言》,经济科学出版社 2002 年版。

［6］姚喜双:《播音主持概论》,高等教育出版社 2012 年版。

二、外文译著

［1］［以］赫拉利著,林俊宏译:《人类简史》,中信出版社 2014 年版。

［2］［美］凯文·凯利著,周峰、董理、金阳译:《必然》,电子工业出版社 2015 年版。

［3］［美］雷·库兹韦尔著,贺俊杰、李若子、杨倩译:《人工智能的未来》,浙江人民出版社 2016 年版。

［4］［美］斯图尔特·J.罗素、诺维格著,殷建平、祝恩、刘越、陈跃新译:《人工智能:一种现代的方法（第 3 版）》,清华大学出版社 2013 年版。

三、期刊文章

［1］蔡曙山、薛小迪:《人工智能与人类智能——从认知科学五个层级的理论看人机大战》,《北京大学学报》（哲学社会科学版）2016 年第 4 期。

［2］蔡自兴:《中国人工智能 40 年》,《科技导报》2016 年第 15 期。

［3］陈昌凤:《人机大战时代，媒体人价值何在》,《新闻与写作》2016 年第 4 期。

［4］陈杰、徐静、刘旦:《传统媒体如何运用大数据做排行榜？——以"2016 广报大学一流学科排行榜"为例》,《中国记者》2016 年第 11 期。

［5］陈如明:《智能、智慧及人工智能发展问题与向超级人工智能迈进的务实发展策略》,《数字通信世界》2016 年第 2 期。

［6］顾曰国:《当代语言学的波形发展主题三：语言、媒介载体与技术》,《当代语言学》2011 年第 1 期。

［7］郭龙生:《广播也要重视规范使用祖国语言文字》,《中国广播》2007 年第 6 期。

［8］胡宝洁、赵忠文、曾峦等:《图灵机和图灵测试》,《电脑知识与技术：学术交流》2006 年第 23 期。

［9］胡勤:《人工智能概述》,《电脑知识与技术》2010 年第 13 期。

［10］胡郁、袁春杰、王玮:《人工智能技术在传媒领域的应用——以智能语音技术为例》,《新闻与写作》2016 年第 11 期。

［11］蒋一莉、李安安:《浅析虚拟主持人在中国的发展困境》,《传媒观察》2015 年第 8 期。

［12］梁智勇、郑俊婷:《人工智能技术对新闻生产的影响与再造》,《中国记者》2016 年第 11 期。

［13］刘芬:《人工智能与新媒体的进化路径》,《中国传媒科技》2016 年第 10 期。

［14］刘松:《媒体融合离不开人工智能》,《青年记者》2016 年第 24 期。

［15］刘通、熊忠辉:《智能技术：传媒业态未来发展的核心能力》,《视听界》2016 年第 4 期。

［16］刘毅:《人工智能的历史与未来》,《科技管理研究》2004 年第 6 期。

［17］刘钊:《论人工智能与人类智能的关系》,《西华师范大学学报》（哲学社会科学版）2007 年第 4 期。

［18］刘正光、阳志清:《索绪尔的语言学理论对人工智能研究的影

响》,《湖南大学学报社会科》1997 年第 2 期。

〔19〕刘子琦:《论广播电视语言的文化性与规范性》,《语言文字应用》2012 年第 2 期。

〔20〕路晴:《电视从业人员的新成员——虚拟主持人》,《视听界》2001 年第 5 期。

〔21〕卢永春:《人工智能推动媒体转型》,《中国报业》2015 年第23 期。

〔22〕沈致隆:《多元智能理论的产生、发展和前景初探》,《江苏教育研究》2009 年第 9 期。

〔23〕汤民国:《虚拟美女做主持数字时代新气象》,《科学时代》2000年第 13 期。

〔24〕万赟:《从图灵测试到深度学习:人工智能 60 年》,《科技导报》2016 年第 7 期。

〔25〕王立纲:《东方卫视启用机器人报天气》,《青年记者》2016 年第2 期。

〔26〕王眉:《电视虚拟主持人挑战传统节目主持人》,《新闻记者》2001 年第 10 期。

〔27〕王兆其、杨长水:《虚拟主持人的设计与实现》,《电视字幕·特技与动画》2002 年第 9 期。

〔28〕王志良:《人工心理与人工情感》,《智能系统学报》2006 年第1 期。

〔29〕王志平、贺达仁、蔡太生:《意识:大脑整体运动态》,《医学与哲学》2005 年第 1 期。

〔30〕杨长水、王兆其、高文:《基于 WEB 的手语新闻虚拟主持人的研究与实现》,《系统仿真学报》2001 年第 2 期。

〔31〕殷乐:《智能技术与媒体进化:国外相关实践探索与思考》,《新闻与写作》2016 年第 2 期。

〔32〕姚喜双:《加强媒体语言研究——需要解决的几个问题》,《语言文字应用》2005 年第 3 期。

〔33〕姚喜双:《解放区新闻播音语言规范的形成及特征》,《中国广播电视学刊》2007 年第 6 期。

〔34〕姚喜双:《广播电视媒体要做规范应用汉语言的主力军》,《中国广播》2008 年第 11 期。

〔35〕姚喜双:《新媒体背景下的广播电视语言研究》,《语言文字应用》2012 年第 2 期。

〔36〕姚喜双、李桃:《广播电视语言问题研究(二)——试析网络视频主持人语言规范问题》,《语言文字应用》2012 年第 2 期。

〔37〕姚喜双:《大力推广和规范使用国家通用语言文字》,《语言文字应用》2012 年第 2 期。

〔38〕姚喜双:《新媒体背景下的广播电视语言研究》,《语言文字应用》2012 年第 3 期。

〔39〕张凯斐:《人工智能的应用领域及其未来展望》,《吕梁学院学报》2010 年第 4 期。

〔40〕郑素侠:《我们是否需要电视虚拟主持人》,《声屏世界》2003 年第 5 期。

〔41〕朱长超:《试论用比较法研究意识起源的过程》,《自然辩证法通讯》1984 年第 1 期。

〔42〕卓新贤:《人工智能的语言学问题》,《现代外语》1994 年第 4 期。

〔43〕邹蕾、张先锋:《人工智能及其发展应用》,《信息网络安全》2012 年第 2 期。

四、网络资料

〔1〕爱奇艺:《看东方》简介",http://www.iqiyi.com/a_19rrgiedn9.html? vfm=2008_aldbd,2017-01-23。

〔2〕白贺云编:"主持人也将被机器人取代了?",http://www.sootoo.com/content/657365.shtmlh,2015-10-15/2017-01-23。

〔3〕陈锐编:"她比'言东方'还早三个月,吉林虚拟主持人要争第一",http://view.news.sohu.com/55/00/news144240055.shtml,2001-03-04/2017-01-21。

〔4〕东方新闻:"虚拟人:一种时尚生命",http://xwjz.eastday.com/epublish/gb/paper67/1/class006700002/hwz388978.htm,2001-05-20/2017-01-22。

［5］谷一平："国内首位虚拟主持人亮嗓新闻广播"，http：//news.cnr.cn/gnxw/201105/t20110510_507979410.shtml,2011-05-10/2017-01-21。

［6］硅谷网综合："'乐迪'智能陪伴机器人化身主持人亮相睐睐娱乐圈"，http：//www.guigu.org/news/techtoit/2016091988002.html,2016-09-19/2017-01-23。

［7］环球网："机器人'小白'成央视新主持与名嘴共话机器人产业"，http：//smart.huanqiu.com/roll/2016-08/9381072.html,2016-08-31/2017-01-23。

［8］"机器人能做主持人的智能语音机器人"，http：//www.jqr5.com/news/hynews/2580.html,2015-11-10/2017-01-23。

［9］李亚坤编："深圳警营开放日智能机器人来主持　未来将执行巡逻任务"，http：//www.oeeee.com/html/201612/05/435713.html,2016-12-05/2017-01-23。

［10］李玉中编："河北省首届中老年春晚录制完成，智能机器主持人'阿宝'、'胖妞'完美亮相"，http：//yuqing.china.com.cn/show/69635.html,2017-01-06/2017-01-23。

［11］商昌斌编："智造优品人生产品发布会：机器人当主持解读智能家居"，http：//www.gywb.cn/content/2016-07/11/content_5072347.htm,2016-07-11/2017-01-23。

［12］深几度："百度凡尔纳计划斩获科幻大奖，星云奖首现人工智能主持"，http：//www.managershare.com/post/294319,2016-09-12/2017-01-23。

［13］斯坦福人工智能百年研究："2030年的人工智能与生活"，http：//ai100.stanford.edu/sites/default/files/ai_100_report_0901fnlb.pdf。

［14］佟德生编："国内首位虚拟播音员亮相抚顺　不会出现口误"，http：//news.qq.com/a/20110510/000617.htm,2011-05-10/2017-01-22。

［15］王彪编："江苏虚拟主持人'QQ小姐'在争议中出闺"，http：//news.eastday.com/epublish/gb/paper148/20010328/class014800008/hwz348252.htm,2001-03-28/2017-01-21。

［16］网易新闻："东芝和e-frontier打造虚拟女播音员"，http：//tech.163.com/scienceimport/0803/010608_43597_32356.html,2001-06-08/2017-01-22。

［17］"新松智能服务型机器人主持2014员工总结表彰大会"，http：//www.siasun.com/news/news20140127135312.html,2014-01-27/2017-01-23。

［18］张晓荣编："汪涵首度携手智能机器人主持，与'隆里宝宝'组　新CP"，http：//e.gmw.cn/2016-10/08/content_22342292.htm,2016-10-08/2017-01-23。

［19］"中国科大'可佳'机器人主持2016首届全球华人机器人春晚　"，http：//news.ustc.edu.cn/xwbl/201602/t20160207_236875.html,2016-02-07/ 2017-01-23。

五、学位论文

［1］程石：《人工智能发展中的哲学问题思考》，西南大学博士学位论文，2013年。

［2］马里千：《高真实感可视媒体的智能编辑与合成》，清华大学博士学位论文，2015年。

［3］宁春勇：《人工智能能否超越人类智能？》，河南大学博士学位论文，2007年。

［4］王东浩：《机器人伦理问题研究》，南开大学博士学位论文，2014年。

［5］徐愚：《机器与语言》，中共中央党校博士学位论文，2016年。

［6］张艳霜：《网络主持的分类及特点》，中国社会科学院研究生院博士学位论文，2010年。

附　录

附录 1：受众对人工智能主播及其应用的意向调查问卷

您的性别：［单选题］［必答题］
○ 男
○ 女

您的年龄：［单选题］［必答题］
○ 10~20 岁
○ 21~30 岁
○ 31~40 岁
○ 41~50 岁
○ 51~60 岁
○ 61~70 岁
○ 70 岁以上

您的生活所在城市：［填空题］［必答题］
_____

您的学历：［单选题］［必答题］
○ 小学或小学以下
○ 初中
○ 高中、技校或中专
○ 大学（本科、专科）
○ 研究生（硕士、博士）

您的职业：[单选题][必答题]

○ 公职人员
○ 教师
○ 学生
○ 企业员工
○ 农民
○ 工人
○ 自由职业者

您上网的意图是什么？[多选题][必答题]

□ 收看新闻
□ 收发邮件
□ 查找资料
□ 游戏娱乐

您看电视的主要意图是什么？[多选题][必答题]

□ 收看新闻
□ 看电视剧
□ 看综艺娱乐节目
□ 看大型晚会演出
□ 看生活服务信息
□ 看纪录片

您了解人工智能主播、主持人吗？[多选题][必答题]

□ 了解，看过它们的节目
□ 听说过，想看看
□ 听说过，不关注
□ 不知道

您对人工智能主播、主持人是否满意？[多选题][必答题]

□ 很满意，效果很好
□ 一般，还行
□ 不满意，效果不好

您喜欢智能主播、主持人播报或主持什么节目？［多选题］［必答题］

☐ 广播节目
☐ 电视新闻节目
☐ 娱乐综艺节目
☐ 大型晚会及论坛

您喜欢智能主播、主持人出现在什么类型的新闻中？［多选题］［必答题］

☐ 气象新闻
☐ 法制新闻
☐ 财经新闻
☐ 体育新闻
☐ 娱乐新闻

您喜欢什么类型的智能主播、主持人？［多选题］［必答题］

☐ 虚拟智能主播（以二维或三维形式出现）
☐ 机器人外观的智能主播
☐ 仿真人外观的智能主播（和真人类似）

您认为智能主播、主持人会取代现实主持人吗？［单选题］［必答题］

☐ 不会
☐ 可能会
☐ 会

您会选择收看智能主播、主持人出现的节目吗？［单选题］［必答题］

☐ 会，图个新鲜
☐ 不会，没意思
☐ 会，我很喜欢

您关注人工智能主播、主持人的原因是什么？［多选题］［必答题］

☐ 好奇
☐ 喜欢它们的风格
☐ 很有发展前景

您听说过智能主持人"微软小冰"吗？［单选题］［必答题］
○ 听说过，没用过 ○ 听说过，关注了并时常对话 ○ 没有
如果使用人工智能主播进行新闻配音，您能接受吗？［单选题］［必答题］
○ 能，只要声音和人类似，不影响内容就行 ○ 能，我喜欢听和人类声音不同的机器声音 ○ 不能，我只能接受人类现实主播的声音

附录2：媒体从业人员对人工智能主播应用态度访谈提纲

1. 您的性别：［单选题］［必答题］
○ 男 ○ 女
2. 您的年龄？［单选题］［必答题］
○ 25~30 岁 ○ 31~35 岁 ○ 36~40 岁 ○ 41~45 岁 ○ 46~50 岁 ○ 51~55 岁
3. 您是否听说过人工智能主播？［单选题］［必答题］
○ 是 ○ 否
4. 您是否看过人工智能主播播报或主持的节目？［单选题］［必答题］
○ 是 ○ 否

5. 您认为人工智能主播的优势在哪里？不足又是什么？［填空题］

6. 您认为人工智能主播能否取代人类播音员或主持人？如果可以，将会是在多少年之内？将会在哪些节目中取代人类播音员或主持人？［填空题］

7. 您希望如何运用人工智能主播？［填空题］

8. 您认为人工智能主播的启用对于媒体语言传播的规范性是否有积极作用？［填空题］

9. 您认为人工智能主播的启用对于媒体语言传播的时效性是否有积极作用？［填空题］

10. 您希望人工智能主播是什么样子的？［填空题］

附录 3：其间的学术成果情况

一、参与重要电视课题项目

中央电视台财经频道大型纪录片项目《丝绸之路经济带》。

二、发表论文

杨娜:《试析人工智能主播在媒体中的发展》,《电视研究》2017年第 2 期。

致　谢

　　人工智能主播这个研究内容，让我在历史和未来的知识海洋中穿梭往返了亿万年。从四十五亿年前地球形成开始，生物逐渐由分子形成细胞，再逐渐进化成其他物种和人类，这是我们已知的浩瀚历史。再往未来看，未来人机共存成为必然，人类的生物寿命或将延长至一百五十岁，甚至有研究称，到 2050 年，人类将有条件实现永生。那么在这样的时代，人类的生活将会发生哪些改变呢？人工智能主播真是开启了我的研究脑洞，让我有机会在人文、历史和科技、文化的领域里，不断探索。

　　最衷心的感谢要献给我的导师姚喜双教授。姚老师学问渊博、尽职尽责，在我的学习和研究上，给予了悉心的指导。姚老师在学术上开放、包容、民主的态度，给予了我宽松的研究环境，鼓励我从兴趣出发，做出有价值的研究成果。姚老师对做学问的态度十分之严谨，这让我更加不敢有丝毫怠慢，一丝不苟地对待学习和研究。通过向您学习，我们收获了宝贵的知识财富，也学到了无限的人生哲理。在此向您表示由衷的感谢！

　　感谢我工作单位的领导中央电视台社会与法频道 ① 王广令总监、王晶副总监，谢谢你们对于我工作和学习的指导和支持！

　　感谢我的恩师李仕君和张丽英伉俪，你们用知识和爱心培养了我们一代又一代学生的成长。感谢袁伟师兄的中肯意见和耐心指导。谢谢朱博、刘沁沁、周华、张丁帮助校对文章。

　　感谢拉斐尔·阿密特（Rafeal Amit）教授帮助我提升了高度，开阔了视野。

　　谢谢我的好朋友们。

　　谢谢我的爸爸、妈妈、姥姥，家人的理解和支持就是一切。

杨娜　2017 年 6 月写于北京清水湾

---

　　① 现在是中央广播电视总台社教中心。

图书在版编目(CIP)数据

媒体用人工智能主播发展研究 / 杨娜著. — 北京：
中国文史出版社，2019.8
ISBN 978 – 7 – 5205 – 1226 – 8

Ⅰ. ①媒… Ⅱ. ①杨… Ⅲ. ①人工智能 – 应用 – 传播
媒介 – 研究 Ⅳ. ①G206.2 – 39

中国版本图书馆 CIP 数据核字(2019)第 170503 号

责任编辑：马合省　薛未未

出版发行：**中国文史出版社**

社　　址：北京市海淀区西八里庄 69 号院　邮编：100142

电　　话：010 – 81136606　81136602　81136603（发行部）

传　　真：010 – 81136655

印　　装：廊坊市海涛印刷有限公司

经　　销：全国新华书店

开　　本：720 × 1020　1/16

印　　张：12　　　　字数：190 千字

版　　次：2019 年 8 月第 1 版

印　　次：2019 年 8 月第 1 次印刷

定　　价：52.00 元